Dom Cipriano

Morada
de Deus
....

Viver no Espírito:
a vida abundante
que Jesus adquiriu para nós

EDIÇÕES LOUVA-A-DEUS
LIVROS QUE TRANSFORMAM VIDAS DESDE 1977

4ª Edição
Janeiro - 2006

©Direitos para a Língua Portuguesa:

COMUNIDADE EMANUEL
Escolhidos para servir

Nosso site
www.comunidadeemanuel.org.br
e-mail: comunidadeemanuel@comunidadeemanuel.org.br

EDITORA EDIÇÕES LOUVA-A-DEUS
Livros que transformam vidas desde 1977

e-mail: louvadeus@comunidadeemanuel.org.br

CAIXA POSTAL 941
CEP 20001- 970 - Rio de Janeiro - RJ - BRASIL
Nossos Telefones(2ª a 6ª - feira, das 8h às 17hs)
Tel.: (21) 2263-3725 / Fax: (21) 2233-7596

Assinaturas das Revistas
Jesus Vive e é o Senhor e a Palavra Entre Nós
e-mail: jesusvive@comunidadeemanuel.org.br

Ficha Catalográfica

C424m
4ed.
	Chagas, Cipriano, 1922
	    Moradas de Deus : viver no espírito : a vida abundante que Jesus adquiriu para nós / Cipriano Chagas.
	— — 4ed — —Rio de Janeiro : Comunidade Emanuel ; Edições louva-a-deus, 1997.
	    264p
	    ISBN 85.337.0101-2
	    1.Dons do Espírito. 2.Redenção. 3. Vida espiritual.
	    I. Título

94-1677	CDU — 234.12 CDU — 234.15

Nihil Obstat
23 de setembro de 1994
Dom José de Carlos Lima Vaz, S.J.
Censor ad hoc

Imprimatur 30 de setembro de 1994
Dom Romeu Brigenti
Vigário Geral da Arquidiocese de São Sebastião do Rio de Janeiro
Moderador da Cúria Metropolitana

4ª edição - janeiro - 2006- Mais de 6000 exemplares publicados

Todos os direitos reservados.
Nenhuma parte desta obra pode ser reproduzida ou transmitida por qualquer forma e/ou quaisquer meios (eletrônico ou mecânico, incluindo fotocópia e gravação), ou arquivada em banco de dados sem permissão por escrito da Editora Edições Louva-Deus.

Sumário

1 — Homem natural 5
2 — A justiça original 17
3 — A queda 27
4 — A redenção 45
5 — Os efeitos da Redenção 65
6 — A vida sobrenatural 73
7 — Deus habita em nós 85
8 — Deus se dá a nós 99
9 — Moradas do Senhor 113
10 — Um organismo sobrenatural 129
11 — Lugar de delícias 143
12 — Somos como Ele 157
13 — Nossa união com Deus 171
14 — Faculdades da ordem sobrenatural 189
15 — A vida cristã 203
16 — Levados pela graça 217
17 — Jesus e nós 237
18 — Imitadores de Cristo 251

Capítulo 1

O homem natural

ORAÇÃO: *Senhor, nós vos louvamos e bendizemos, porque sois nosso Deus! Fizestes todas as coisas muito bem, e vos agradecemos tudo o que tendes feito em nós, e através de nós, por nós, e para nós. Nós vos pedimos, pois, Senhor, que abençoeis estas instruçõezinhas, estas pequenas explanações que estamos iniciando: que possais transmitir aos corações de todos aquilo que quereis que conheçam de vosso plano, de vossa graça, do que tendes para cada um e para todos.*

Muito obrigado, Senhor.
Amém!

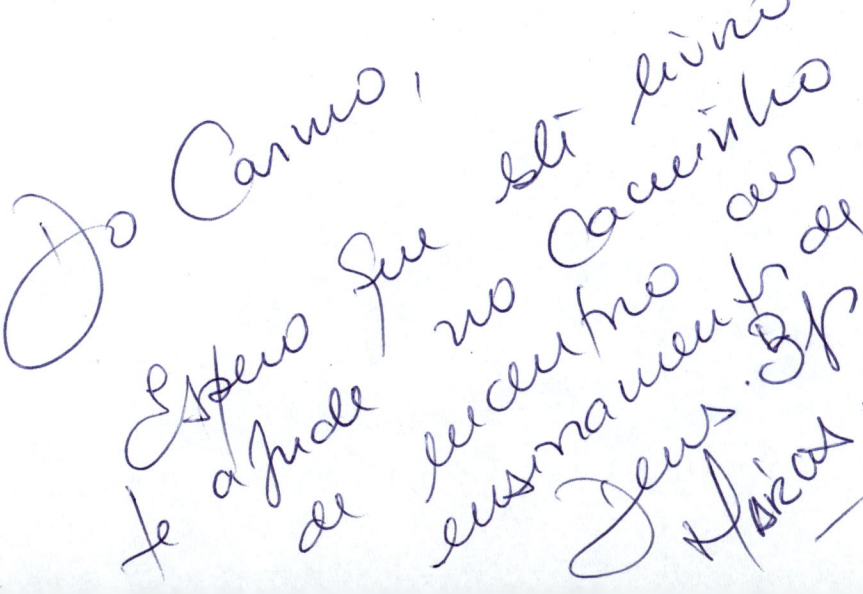

I. Introdução

Dei o nome de "VIVER NO ESPÍRITO" a estas conversas que vamos ter, crendo que poderão ser úteis para esclarecer algumas coisas e situar melhor outras, porque, quando se fala em Viver no Espírito, não entendemos muito bem o que seja.

Fala-se muito em Dons do Espírito, e muitos pensam que Dons do Espírito são como coisas, que se adquirem e se podem utilizar, como se utiliza um automóvel ou uma caneta, ou outra coisa qualquer, um bem que se possa usar materialmente, que seja da mesma natureza das coisas que utilizamos normalmente, em nossa vida comum, um instrumento como outro qualquer.

Os Dons, como carismas, são, realmente, instrumentos de ação, mas instrumentos sobrenaturais de ação, no Poder do Espírito Santo: são a nova maneira de agir que o Espírito Santo nos dá, para a construção do Reino.

Entretanto, não podemos nos dispor adequadamente para essa nova maneira de agir, e não podemos agir corretamente dessa nova maneira, se não tivermos passado também para uma nova maneira de ser, no poder do Espírito Santo, que Jesus ganhou para nós na sua Cruz.

É um axioma dizer-se que *o agir segue-se ao ser*. O que significa que, da maneira como é o ser, de acordo com o que ele é, assim é o seu agir. Se um ser é de determinada maneira, a maneira de ele agir dela decorre, é adequada a essa maneira de ser.

Os Dons do Espírito Santo são a nova maneira de agir correspondente à nossa nova maneira de ser no Reino. Eles são adequados, não à maneira de ser de nosso ser natural, que vive sob o império dos sentidos, ao sabor dos instintos, mas à maneira de ser de nosso organismo sobrenatural, decorrente de nosso novo nascimento da água e do Espírito.

O que vemos, muito comumente, é que as pessoas querem ter essa nova maneira de agir — pelos Dons do Espírito — sem mudar a sua maneira de ser. Os Dons ficam, assim, sem perfeita adequação com a vida da pessoa, podem ser usados incorretamente, sem poder suficiente, e mesmo equivocadamente.

Nosso Senhor nos advertiu a respeito, dizendo:

"*Muitos virão naquele dia, dizendo: 'Senhor, Senhor, não expulsamos demônios em teu nome, não fizemos curas em teu nome?' E lhes direi: 'Eu não vos conheço, vós que praticais a iniqüidade'"*. (Mt 7,22–23).

Por que *"não vos conheço"*? Porque sua maneira normal de ser não está correspondendo aos Dons, não é aquela que Deus conhece. Essas pessoas terão usurpado uma maneira sobrenatural de agir que não é adequada à sua maneira de ser, segundo o mundo.

Pensei, então, que talvez pudéssemos recapitular todas as coisas, para bem situar essa nova maneira de ser e essa nova maneira de agir no poder do Espírito Santo. Por isto, estas pequenas instruções receberam este nome: de VIVER NO ESPÍRITO. Falar de VIVER NO ESPÍRITO é, pois, falar de nossa vida sobrenatural, da natureza e excelência dessa vida, e de como chegar a ela. Primeiro procuraremos ver as suas origens, para melhor compreender a sua perfeição, sua natureza, sua qualidade, sua excelência.

Veremos, depois, essa vida nova no homem renovado, regenerado, nascido de novo; o papel que Deus exerce, dando-se a nós e assistindo-nos quer diretamente, quer mediante a Santíssima Virgem e os Santos; o papel que o homem exerce, dando-se a Deus por uma cooperação total, empenhada e constante com a graça de Deus, vivendo na Aliança que Deus nos oferece.

Em seguida, poderemos ver em que consiste essencialmente a perfeição dessa vida: no amor de Deus e do próximo por Deus; e que o amor de Deus e o amor do próximo são o ambiente favorável para essa vida nova crescer e dar fruto abundante, mas que este amor na terra não se pode praticar sem sacrifícios e renúncias.

Isto quer dizer que é preciso que haja uma prioridade, um empenho em que ele seja o primeiro na vida das pessoas, pois que, com razão, é a primeira ordem que recebemos, o primeiro dos mandamentos.

Sem sacrifícios e renúncias, não se o pode praticar. Querer fazê-lo de outra forma seria ilusório, seria colocar-se fora da nossa realidade, num engano que a nada levaria.

Veremos, então, que Deus nos chama, mediante essas coisas, a uma outra vida, muitíssimo mais nobre: a participar de sua própria perfeição. *"Sede vós perfeitos como vosso Pai celestial é perfeito"*, ordena-nos Jesus, em **Mateus 5,28**.

Deus nos chama a participar de sua perfeição, o que faz com que nos corresponda a obrigação de atender a esse chamado, aplicando os meios que ele nos dá para isso, nos caminhos que nos propõe.

Para isto fomos criados: para viver uma vida com Deus, dirigida pelo Espírito Santo.

II. As origens da vida sobrenatural

Nossa vida sobrenatural vem aplicar-se à nossa vida natural e a conserva, aperfeiçoando-a, pelo que convém ter uma noção do que sejam a vida natural e a sobrenatural do homem, com suas grandezas e fraquezas.

Veremos:

   A) — A criação do homem;

   B) — Sua queda;

   C) — Sua restauração pelo divino Redentor

Da criação do homem

1 — O homem, um composto

O homem é, segundo diz a Escritura, esse misterioso composto de três elementos—**corpo, alma e espírito**—, que se unem intimamente para formar uma única natureza e uma única pessoa. Ele é, por assim dizer, o ponto de encontro, o traço de união entre o mundo espiritual e o mundo material, uma ponte entre esses dois mundos, entre os espíritos e os corpos, uma síntese das maravilhas da criação de Deus. Os antigos o chamavam de microcosmos, um pequeno universo, um pequeno mundo que resume todos os mundos.

Manifestação da sabedoria divina, o homem une o mundo espiritual e o material num só ser, uma pessoa, de maneira perfeita. Só Deus poderia fazê-lo. Só a sabedoria divina poderia unir num composto como o homem, coisas tão disparates como espírito e corpo. Cada um de nós é, pois, uma maravilha da sabedoria de Deus, do poder de Deus.

E o homem é um mundo *cheio de vida*, nele se interpenetrando três vidas: a *vegetativa*, a *animal* e a *intelectual*. Tal como a *planta*, o homem se alimenta, cresce e reproduz-se, e, como o *animal*, conhece os objetos sensíveis, tende para eles pelo desejo dos sentidos, com suas emoções e paixões, e move-se com movimento espontâneo.

A planta não tem desejos, paixões, não vai atrás das coisas, não se locomove; o animal já o faz; é levado pelo instinto, um embrião de paixão, a buscar a satisfação de suas necessidades.

Já como o *anjo*, embora em grau inferior e de modo diferente, o homem tem uma vida intelectiva, pode conhecer intelectualmente o ser supra–sensível, que ultrapassa os sentidos—como a verdade. E, com a vontade, pode inclinar-se livremente para o bem racional. É capaz de apreender o bem, pela razão, e a sua vontade o faz inclinar-se para esse bem que a razão apreendeu.

2 — Três vidas em uma

Essas três vidas não se sobrepõem: compenetram-se, coordenam-se e subordinam-se, para concorrerem para o mesmo fim, que é a perfeição do homem completo. É lei, ao mesmo tempo racional e biológica, que, em todo ser composto, a vida não se pode conservar e desenvolver senão, coordenando os seus diferentes elementos ao elemento principal, sujeitando-os, para deles se servir, a fim de concorrerem para o bem comum.

No homem, as faculdades inferiores, vegetativas e sensitivas, devem ser submetidas à razão e à vontade. Esta condição é absoluta, porque, na proporção em que falta essa submissão, enfraquece-se ou desaparece a vida.

Com efeito, quando deixa de existir essa subordinação, começa a dissociação dos elementos: sobrevém o enfraquecimento do sistema, a doença, e, por fim, a morte.

3 — A vida é luta

A vida é sempre um combate, uma luta: as faculdades inferiores lançam-se com ardor à satisfação das necessidades, pelo prazer que lhes provém dessa satisfação: como o animal, que vai em busca da comida, come e dorme, satisfeito; ou a planta, que tem o sol, a água, fica satisfeita, floresce, abre as pétalas e exala seu perfume. Há um prazer na satisfação das necessidades, e em busca dele vão as faculdades inferiores do homem, enquanto suas faculdades superiores tendem para o bem honesto.

Ora, são duas coisas que, então, aí se verificam: o bem e o prazer. Entre esses dois bens há, as mais das vezes, oposição: o que agrada ao homem, o que lhe é, ou ao menos lhe parece, útil, nem sempre é bom para ele, nem sempre é moralmente bom. De onde o conflito.

É necessário, portanto, que a razão, para recompor a ordem, domine as tendências contrárias e triunfe: é o que a Sagrada Escritura chama de luta entre o espírito e a carne, da vontade contra a paixão. Essa luta é incômoda e molesta, as mais das vezes.

No hemisfério norte, no inverno as plantas ficam como que adormecidas, mas, ao chegar a primavera, vem um novo fluxo de vida, e a seiva sobe pelos troncos, as plantas se desenvolvem, crescem, lançam folhas, dão flor e fruto.

Assim também, muitas vezes sobem da parte sensitiva do homem impulsos, às vezes mesmo violentos, para o prazer sensível em seus vários tipos—comer e beber, por exemplo. Não são, porém, tais impulsos, irresistíveis: a vontade, ajudada pela inteligência, tem como exercer, sobre esses movimentos das paixões, os seus poderes:

a. Poder de previdência

— *consiste em prever e prevenir, por meio de prudente e constante vigilância, muitas fantasias, impressões e emoções perigosas;*

b. Poder de inibição ou de moderação

— *mediante o qual o homem impede, ou pelo menos modera a violência desses movimentos que se elevam em sua alma.*

Assim, por exemplo, pode impedir que os olhos se detenham num objeto perigoso: se está, por exemplo, mantendo uma dieta, pode não deixar que, pelo olhar, passe a desejar coisas proibidas.

Pode impedir outros movimentos interiores: a imaginação, de procurar e conservar imagens inconvenientes, e, se nele se levanta a ira, pode refreá-la.

c. Poder de estimulação

— *que excita ou intensifica, pela vontade, movimentos passionais.*

d. Poder de direção

— *que permite ao homem dirigir esses movimentos para o bem, e, por isso mesmo, afastá-los do mal.*

Além dessas lutas interiores, pode haver outras, entre a alma e o seu Criador. Pela reta razão o homem vê, com efeito, que deve submeter-se plenamente àquele que é seu soberano Senhor: Deus. Mas essa obediência lhe custa; há nele uma espécie de sede de independência e autonomia que o inclina a subtrair-se à autoridade divina: é o orgulho, que ele não pode vencer senão pela humildade, pela humilde admissão da sua indignidade e impotência, reconhecendo os direitos imprescritíveis do Criador sobre a sua criatura.

Deus tem todos os direitos sobre mim: Ele me criou, não por acaso, mas com uma finalidade sua. Tem um plano para mim, e espera que eu atenda a esse seu plano. Assim, pois, tenho de lutar contra os desejos de satisfazer-me, os quais, por se manifestarem nos meus três níveis de vida, recebem a denominação de *"a tríplice concupiscência"* (1Jo 2,16), que me submete aos prazeres dos sentidos, à cobiça dos bens terrestres e à auto-afirmação contra os imperativos da razão.

4 — Em busca de Deus

Quando o homem, em vez de ceder aos maus instintos, aos impulsos que lhe vêm de suas faculdades inferiores, cumpre o dever—isto é, aquilo que deve fazer diante de Deus—pode entrar num conhecimento mais extenso e profundo da verdade e de Deus. Por que isto? Porque, então, se adequa às condições para esse crescimento. Mediante sua disciplina interior, o reto relacionamento seu com Deus, ele se coloca em situação tal que pode crescer nesse conheci-mento mais extenso e mais profundo da verdade e de Deus, sempre, porém, conforme a maneira de conhecer de sua natureza, isto é, num conhecimento analítico ou discursivo. Crescer no conhecimento de Deus leva-o a crescer no amor, a ter um amor mais puro e duradou-ro, mais perfeito e constante. Isto lhe traz uma alegria muito grande, porque é uma necessidade de seu ser; ela seria como que o fruto desse crescimento, como uma *recompensa*.

Se, porém, faz o contrário, não quer relacionar-se retamente com Deus, não lhe quer obedecer e prefere caminhos diferentes, transgredindo a sua própria ordenação interior, segundo o plano de Deus, desprezando a lei que está dentro de si mesmo, e não se arrepende—porque muitas vezes transgride e se arrepende e volta atrás—, o que vai acontecer? Desvia-se do caminho que o leva a Deus, desvia-se do seu fim—porque seu fim é Deus—e sofre a privação de Deus e os grandíssimos tormentos subseqüentes, o que seria para ele o pior dos castigos.

Mal comparando, se eu sei que beber pinga me faz mal, mas não me importo e tomo umas talagadas, depois vou ter dor de cabeça, o fígado fica ruim, vou querer botar tudo para fora, ter dor de barriga, ficar prostrado, desanimado, sem querer saber de nada, vou ter de tomar remédio, injeção dolorida, e ainda agüentar a ressaca... Tudo isto porque preferi afastar-me da saúde para a satisfação voluntária de um mau desejo, escolhi algo prejudicial ao meu próprio organismo, à lei inscrita dentro de mim.

Sofro, então, por culpa minha, a reação dolorosa de parte de minha natureza, que pode ser interpretada como uma punição, um "castigo" realmente penoso. E a privação da saúde, embora péssima, nada é em comparação com a privação de Deus, de forma que o sofrimento que aquela traz não dá a mais pálida idéia do sofrimento que causará o "castigo" da privação de Deus, do bem absoluto para o qual devemos tender sempre.

> **ORAÇÃO:***Senhor, nós vos louvamos e bendizemos porque sois bom, porque nos criastes para vós, e nos fizestes de tal modo que a nossa maior alegria, o nosso maior prazer, o nosso maior gozo está em conhecer-vos e amar-vos. Os maiores prazeres inferiores dão apenas ínfima e palidíssima idéia daquilo que tendes reservado para nós, quando essa necessidade tremenda de nosso ser, de vos ter, de vos amar, for totalmente satis-*

feita, conforme quereis. Nós vos louvamos e bendizemos por essa felicidade infinita que quereis nos dar desde agora.

Muito obrigado, Senhor!
Glória a vós, Senhor!
Amém.

Capítulo 2

A justiça original

ORAÇÃO: *Senhor nosso Deus, sois maravilhoso e bom. Nós vos louvamos e bendizemos porque cuidais de nós a cada instante, a cada momento, e tudo é presente diante de vós. Tendes todo o poder e tudo aquilo de que necessitamos para estar tranqüilamente em vossos braços, deixando que o vosso plano de amor se realize em nós e através de nós.*

Derramai sobre nós o vosso Espírito Santo, para que possamos compreender tudo quanto quereis que compreenda-mos, e tocai os nossos corações para sermos cada vez mais sensíveis, mais dóceis, mais obedientes à voz de vosso Santo Espírito, às suas moções, a fim de que sejamos guiados e ensinados por ele, conforme vós quereis, conforme prometestes.

Muito obrigado, Senhor!
Glória a vós, Senhor.
Amém!

I. Introdução

Para bem situar os dons espirituais na nossa vida cristã, espiritual, estamos nos propondo partir do começo para tentar compreender um pouco todo o plano de amor de Deus para nós, tudo isso que ele realizou por nós, e porque o fez, e o que devemos nós fazer, por nossa vez, em resposta a essa bondade de Deus.

Quando o homem foi colocado no Paraíso, havia nele uma harmonia interior, em que o seu espírito era submisso ao Espírito de Deus, a sua alma, sua psique era submissa ao seu Espírito, e o seu corpo submisso à sua alma.

Deus, tendo criado o homem com o fito de fazer dele seu filho adotivo, não se contentou em criá-lo bom, mas também o constituiu em tal amizade com o seu Criador, em tal harmonia consigo mesmo e com a criação que dominava, que apenas serão superadas pela glória da nova criação em Cristro Jesus. Para entender um pouco isto, vamos ver o que é o sobrenatural.

II. Criado em santidade e justiça original

Noção do que seja o sobrenatural

Sobrenatural, em geral, é tudo o que supera a natureza de um ser, as suas forças atuais, as suas exigências e os seus merecimentos.

Podemos distinguir apenas dois tipos de sobrenatural: o absoluto, que ultrapassa a natureza de todo e qualquer ser criado, e o relativo, que ultrapassa uma natureza, mas não outra.

1 — O sobrenatural absoluto

É um dom divino feito à criatura inteligente—anjo ou homem — o qual transcende totalmente as exigências dessa criatura, bem como as de outra criatura qualquer, ainda mesmo não existente mas possível de existir. Quer dizer, ele está acima de todo o criado como tal, no sentido de que não pode ser produzido, e nem sequer postulado, exigido, merecido por uma criatura; excede, pois, não somente todas as suas capacidades ativas, mas também todos os seus direitos e exigências, situando-se totalmente fora de seu alcance, na esfera de Deus.

É algo de finito, pois que é um dom concedido a uma criatura; ao mesmo tempo é algo de divino, visto que só o divino pode sobrepujar as exigências de toda criatura. Mas é o divino comunicado, um dom de que a criatura participa, pois que lhe é dado participar, mas segundo a sua condição de criatura.

No caso do sobrenatural absoluto, podemos distinguir apenas dois tipos: a **Encarnação** e a **graça santificante**.

a) Quanto à **Encarnação**, Deus une-se à nossa humanidade na Pessoa do Verbo; de tal sorte que a natureza humana do Verbo Encarnado, Jesus, tem por suporte, por sujeito pessoal a segunda Pessoa da Santíssima Trindade. Mas não é alterada, de maneira nenhuma, na sua especificidade de natureza humana: Jesus é homem perfeito.

A Escritura nos diz que o Verbo de Deus, Deus Filho, esvaziando-se de sua divindade, assumiu nossa natureza, fazendo-se homem igual a nós em tudo, exceto o pecado. Assim, pois, Jesus, verdadeiro homem por sua natureza, é verdadeiramente Deus quanto à sua Pessoa. Esta é uma união substancial, que não funde as duas naturezas em uma só, mas as une, conservando-lhes a integridade, em uma só e mesma Pessoa, a Pessoa do Verbo; é, pois, uma união, não substancial, mas pessoal ou, para usarmos um termo técnico,

hipostática (Υποστασισ — hipóstasis — é uma palavra grega que quer dizer pessoa).

É o exemplo máximo do sobrenatural absoluto: um dom de Deus, algo que só pertence a Deus, e que é dado como participação à natureza humana, sem alterá-la, de modo a ela adequado. A Encarnação é, pois, o mais alto grau do sobrenatural absoluto, ou quanto à substância.

b) O que se chama de **graça santificante**, é um grau menor deste mesmo sobrenatural absoluto.

Nesse estado de graça, o homem conserva, sem dúvida, a sua personalidade própria, mas é modificado divinamente, embora de modo não substancial, na sua natureza e capacidades de pensar e agir; torna-se, não certamente Deus, mas sim **deiforme**, isto é, passa a ter uma forma semelhante a Deus, participante da natureza divina. E como participa? De uma participação sempre finita, segundo o seu ser de criatura, mas passa a ser capaz de atingir a Deus diretamente pela visão beatífica, na visão face a face, quando a graça for transformada em glória. Como temos a mesma natureza dele, embora numa participação finita, somos neste mundo como ele é, teremos olhos de vê-lo quando ele aparecer: recebemos de nosso Deus esse privilégio de amor, inconcebível, de sermos capazes de o ver face a face, como ele se vê a si mesmo: privilégio que, evidentemente, sobrepuja as exigências das mais perfeitas criaturas, pois que nos faz participar da vida intelectual de Deus, da sua natureza. No dizer tão belo de São João:

> "Sabemos que, quando ele aparecer, nós o veremos tal qual é, porque, assim como ele é, assim somos nós neste mundo". (1Jo 3,2).

Isto só pode acontecer, sendo nós partícipes de sua natureza. Se compreendemos um pouco isto, um pouco que seja, podemos ter idéia de nossa imensa dignidade, tendo sido chamados a participar, a este ponto, da intimidade de nosso Deus. Jamais poderia passar, por nossa mente de criatura, essa idéia de ser capaz de ver nosso Deus tal qual ele é, de participar de sua vida, de sua natureza, de modo tão real.

2 — *O sobrenatural relativo*

É, em si, algo que não transcende as capacidades ou exigências de toda criatura, mas somente as de alguma natureza particular. Assim, por exemplo, a *ciência infusa*, é, para o homem, um sobrenatural relativo. Por que? Porque ultrapassa as capacidades do homem, mas não as do anjo: é sobrenatural relativo à natureza humana.

Nosso Senhor disse que o Espírito Santo viria a nós e nos ensinaria todas as coisas. Esse ensinamento do Espírito Santo, essa ciência infusa, ultrapassa as capacidades do homem, mas não ultrapassa as do anjo, pois é, para este, a maneira normal de conhecimento. Se ultrapassasse as capacidades da natureza angélica e as de qualquer criatura possível, seria um sobrenatural absoluto.

Mal comparando: uma mula anda, se locomove de um lugar para outro, tem instintos, tem fome. Vê o capim, vai lá e come. O homem se locomove também, tem instintos, tem fome. Vê a comida, vai lá e come. Na aparência, é a mesma coisa, mas a mula não pensa nem fala.

Falar, para uma mula, vai além de sua natureza, mas não ultrapassa a do homem. Seria, para ela, um sobrenatural relativo. Foi o caso da mula de Balaão, narrado no livro do Êxodo. Naquele momento deu-se, para a mula, um sobrenatural com relação à sua natureza: falou como homem, algo que estava totalmente fora das exigências e capacidades de sua natureza de mula.

A **Epístola aos Efésios** (1,5) diz que Deus criou o homem para fazer dele seu filho adotivo. Por isso o criou à sua imagem e semelhança, para que se tornasse seu filho, mas por amor, por livre escolha. Só o homem foi chamado a compartilhar, pelo conhecimento e o amor, a vida de Deus. Para este fim foi ele criado, participando, pois, desses dois tipos de sobrenatural.

Com efeito, nossos primeiros pais, Adão e Eva, foram constituídos em um estado de santidade e justiça original. Esta graça da santidade original era uma participação da vida divina. Pela irradiação desta graça, todas as dimensões da vida do homem eram fortalecidas. Enquanto permanecesse na intimidade divina, o homem não devia nem morrer, nem sofrer. A harmonia interior da pessoa humana, a harmonia entre o homem e a mulher, e, finalmente, a harmonia entre o primeiro casal e toda a criação constituíam o estado denominado de "justiça original" (*Novo Catecismo da Igreja Católica, n. 376*).

O "domínio" do mundo que Deus havia outorgado ao homem desde o início, realizava-se, antes de tudo, no próprio homem, como *domínio de si mesmo*. Vimos que há, hoje, no homem uma luta entre o desejo sincero do bem e o apetite desordenado dos prazeres e dos bens sensíveis, além de acentuada tendência ao orgulho, para a busca de si mesmo: é o que a Sagrada Escritura denomina *"a tríplice concupiscência"*: a concupiscência da carne, a concupiscência dos olhos, o orgulho da vida (cf. 1Jo 2,16).

Paixão é a incidência de uma ação de um agente externo sobre nós, que pode causar sofrimento ou atração desordenada. Em Adão, não havia, como em nós, a tirania da concupiscência, da desordem dos apetites, que inclina fortemente para o mal, mas tão-somente uma certa tendência para o prazer, subordinada, porém, à razão, porque, de certa maneira, a natureza humana se desloca atrás do prazer, daquilo que lhe agrada.

Embora não o tornasse impecável — continuava passível de pecar, de escolher mal —, este *domínio de si mesmo* lhe facilitava o exercício das virtudes e o protegia, de certa maneira, do embate dos estímulos exteriores. Seu espírito era dócil, submisso, aberto a Deus; sua mente, sua alma, submissa a seu espírito; seu corpo, submisso à alma: era a ordem, a retidão de seu ser.

Hoje, o homem está sujeito à doença e à morte, à decadência, à usura do seu corpo; Adão, porém, enquanto permanecesse na intimidade divina, estaria preservado dessa dupla fraqueza, e assim mais livremente poderia aplicar-se ao cumprimento dos seus deveres superiores.

Esses privilégios, por maravilhosos que fossem, ainda eram apenas preparatórios, destinados a fazer o homem mais apto para receber e utilizar adequadamente esse dom muito mais precioso, total e absolutamente sobrenatural, que é **a graça santificante**, que lhe conferiu privilégios verdadeiramente importantes.

Os privilégios sobrenaturais

a. A graça santificante

Por natureza, o homem é servo, criatura, submissa ao Criador, propriedade de Deus. Por uma bondade que não podemos entender, por um amor, uma dedicação imensa cuja razão está fora de nosso alcance, e que nos deve fazer viver com o coração sempre transbordando de gratidão infinita, Deus quis fazê-lo entrar na sua família, adotando-o por filho, constituindo-o seu herdeiro presuntivo, e reservando-lhe um lugar no seu reino.

A Escritura nos assegura que somos *"herdeiros de Deus e coherdeiros de Cristo"* **(Rm 8,17)**. É algo muito grande, e nem podemos imaginar o que seja. Se entendêssemos um pouco essas coisas, deixaríamos de proceder com tanta mesquinhez, de prender-nos a tantos apegos que mais nos deslustram, mancham, enfeam do que nos trazem qualquer benefício.

E Deus, para que esta adoção não fosse apenas simples formalidade—Deus é sempre muito concreto, muito prático: tendo-nos criado para sermos seus filhos, ele toma os passos necessários para isso — comunicou ao homem uma participação da sua natureza divina, sem a qual ser-lhe-ia impossível ser seu filho.

Essa participação de sua natureza, que Deus comunica ao homem, é, na verdade, uma qualidade criada, mas real, adequada à sua maneira de criatura, e que lhe permite gozar na terra as luzes da fé. As luzes da fé tornam-nos capazes de ver Deus e as coisas de Deus. São muito superiores às da razão, pois a razão versa sobre o criado, aquilo que está no nosso nível ou abaixo de nós; a fé versa sobre o incriado, Deus, atinge aquilo que está intocável, acima de nós. São Paulo diz que o justo vive da fé; ninguém pode ser justo sem a fé, sem a visão de Deus, sem essa participação da natureza divina, da própria vida de Deus.

Adão possuía essa graça de maneira permanente, habitual; razão pela qual essa graça é denominada também **graça habitual**.

A graça santificante, habitual, aperfeiçoava e divinizava, por assim dizer, a própria substância da alma e suas faculdades, para que operassem de modo divino. Dava-lhe, ainda, a graça atual.

b. A graça atual

A graça atual é para o ato, para pôr em movimento todo esse organismo sobrenatural, permitir-lhe realizar atos sobrenaturais, deiformes e meritórios da vida eterna.

Mal comparando: temos um organismo natural, cheio de vida e energia. Entretanto, não se move sem um impulso da nossa vontade. Se vamos até à esquina para comer pastel com caldo de cana, é por um impulso de nossa vontade, que aciona forças habituais de nosso organismo humano. Assim também, a graça atual é aquele influxo de Deus que põe em ação nosso organismo sobrenatural.

É o que faz, em seu nível, a nossa vontade: ela nos guia ao que fazer e ao que não fazer. Deve, porém, para produzir atos deiformes, estar submissa ao Espírito Santo, agir no poder de Deus, fazendo atos de vida eterna.

Todos esses privilégios tinham sido dados a Adão não como bem pessoal, mas como patrimônio da família de

Deus. seria transmitido a toda a sua descendência, contanto que, ele permanecesse fiel a Deus. Era um bem de família, como uma herança a transmitir-se de pai a filho.

No entanto, tentado pelo Diabo, Adão deixou morrer em seu coração a confiança em seu Criador e, abusando de sua liberdade, *desobedeceu* ao mandamento de Deus. Esta primeira desobediência tem conseqüências dramáticas. Adão e Eva perdem de imediato a graça da santidade original. A harmonia na qual estavam, estabelecida graças à justiça original, é destruída. O domínio das faculdades espirituais da alma sobre o corpo é rompido; a união entre o homem e a mulher é submetida a tensões; suas relações serão marcadas pela cupidez e pela dominação. A harmonia com a criação está rompida: a criação visível tornou-se estranha e hostil ao homem, que voltará ao pó, do qual é formado **(Gn 3,19)**.*A morte entra na história da humanidade.*

Assim, num instante, todo aquele patrimônio foi perdido, deixando-nos uma profunda marca, que só com Jesus pode ser retirada.

ORAÇÃO:*Senhor, nós vos louvamos e bendizemos por vossa bondade imensa, por nos terdes chamado a participar de vossa vida e de vossa natureza, e a ser guiados pelo vosso Espírito Santo e a produzir atos com efeitos de vida eterna, no poder do vosso Amor, na vossa Graça, conforme quereis.*

Nós vos louvamos e bendizemos e pedimos que abençoeis o nosso dia, e que possamos, neste dia, aproveitar todas as graças e ensinamentos que nos dareis, e que possamos estar sempre atentos ao vosso Espírito Santo, a todas as vossas inspirações, e sempre dispostos a segui-las.

Muito obrigado, Senhor!
Glória a vós, Senhor!
Amém!

Capítulo 3

A queda

ORAÇÃO: *Senhor Jesus, vós sois nosso Deus, e nós vos louvamos e bendizemos porque nos escolhestes para estar convosco, e fazer a vossa obra. E vós nos amais, e derramais sobre nós o vosso Espírito Santo e todos os dons que tendes para nós, para nos elevar à condição de vossos amigos e colaboradores.*

Nós vos damos graças, porque colocastes em nós, e ao nosso dispor, todas as graças e bênçãos de que necessitamos para levar bem a cabo tudo isso que quereis para nós e que quereis fazer em nós.

Vós sois nosso Deus, e vos louvamos e bendizemos por tudo isso, e vos glorificamos e pedimos que o vosso Espírito Santo esteja em nós, a nos iluminar e esclarecer, para que possamos nos situar bem dentro do vosso plano, compreendendo as vossas coisas, sabendo como são e porque são, e como agir e utilizá-las, e como situar-nos em todo o conjunto daquilo que tendes feito e planejado, e que estais realizando, no mundo, em nós e através de nós.

Muito obrigado, Senhor!

Glória a vós, Senhor!

Amém!

I. Introdução

Vimos que nosso Deus nos criou, concedendo-nos participar de coisas divinas, porque, desde todo o sempre, quis criar-nos para fazermos parte de sua família e para estarmos com ele, acima mesmo de todos os anjos.

Tínhamos que ter todos esses dons, todos esses "embelezamentos", como aquela Jerusalém que desce do céu, engalanada, ataviada como uma noiva para o seu noivo. Assim somos engalanados, ataviados, quer dizer, recebemos adornos, coisas que de nós mesmos não teríamos, mas que o Senhor, para nos desposar, com elas nos enfeita. Ficamos, assim, lindos, maravilhosos aos olhos de Deus, e agradáveis totalmente a ele, companhia agradável a ele para toda a eternidade, para todo o sempre.

Por isso ele nos criou em santidade e justiça logo no início, capacitando nossos primeiros pais a se decidirem, por amor, a obedecê-lo. Esses dons e privilégios deveriam ser passados para toda a sua descendência. Porém... —houve um porém... e esses bens foram perdidos. Vejamos como isto aconteceu.

II. Criados livres

Todos esses privilégios não destruíam a liberdade do homem. É muito interessante. Ficamos pensando que o homem não deveria ser livre para não ter pecado. Mas não: vejam o caso dos anjos. Foram criados livres, e puderam livremente escolher servir ou não a Deus. O homem também, foi criado livre para que pudesse livremente escolher servir ou não a Deus. Deus é liberdade. O Espírito Santo é liberdade, e quer que vivamos na liberdade dos filhos de Deus. Ele não nos quer como uma pedra, ou como um animal, que não é livre para escolher obedecer por amor ou deixar de fazê-lo. Ele nos faz livres e nos conserva livres sempre. E mesmo quando ele vem a nós—e vem sempre—com sua graça, para atrair-nos a ele, para nos seduzir por amor, ele nos respeita, respeita a nossa liberdade. Por que? Porque nos criou livres e nos quer livres. Quer que nossa adesão a ele seja um livre ato de amor de nossa parte.

Essa liberdade deve ser exercida, como todas as virtudes que ele nos dá. Muitas vezes rezamos: "Ah, Senhor, dai-me paciência!" Ele, imediatamente nos dá a paciência. Mas temos de pô-la em prática. Se lhe pedimos paciência, ele no-la dá, e se não a pomos em prática, não nos terá adiantado pedi-la. Então você diz: "Ah, mas Deus não deu!" Deu. Você é que não usou! Não é assim? Assim, também se dá com a liberdade.

III. A provação da liberdade

. . . .

Deus nos criou livres. Para que exercesse e praticasse essa liberdade, colocou o homem — Adão e Eva — diante de uma circunstância e em que deveria usa-lá para escolher livremente a ele, Deus! Essa circunstância em que a liberdade do homem deveria ser exercida—e o foi—chama-se prova. Prova para o homem exercer aquele dom da liberdade, fazendo livremente sua escolha.

Foi, pois, o homem colocado nessa situação de prova, submetido a essa prova. Quando falamos em prova, pensamos em exames escolares, em que a pessoa é aprovada ou reprovada. Aqui, porém, não é assim. Trata-se de o homem exercer corretamente ou não um dom recebido de Deus. Temos em nós, por exemplo, o dom do amor, a caridade infusa. O Espírito Santo nos foi dado e derramou em nossos corações abundantemente, o amor divino. Ele espera que exerçamos o amor. Nós, porém, muito seguidamente, escolhemos não agir corretamente, com amor, embora o tenhamos em abundância.

Assim também, o homem, naquele primeiro instante, deveria exercer corretamente a sua liberdade. Foi, portanto, submetido a uma prova para poder, com o auxílio da graça, afirmar o seu amor a Deus e merecer aquele estado sobrenatural a que Deus o tinha elevado, merecer o céu. Essa prova consistia na obediência, no cumprimento das leis divinas, e, em particular, de um preceito positivo, uma ordem.

Hoje somos muito desordenados, e temos muita dificuldade em obedecer. Isto, porque o pecado primeiro, o que Adão cometeu, foi precisamente este, de não cumprir o preceito, de não obedecer à ordem que Deus acrescentara à lei natural.

A criação tem suas leis, e devem ser obedecidas, porque são a ordem do universo. O Homem foi criado infenso a essas leis: não padeceria doença nem morte, por exemplo, mas a lei natural não fora revogada. A ela Deus acrescentara um preceito positivo, uma ordem, expressa no livro do Gênesis, sob a forma da proibição de comer do fruto da árvore da ciência do bem e do mal:

"*E Deus deu ao homem este mandamento: 'Podes comer de todas as árvores do jardim. Mas da árvore do conhecimento do bem e do mal, desta não comerás, porque no dia em que dela comeres terás que morrer'*"(Gn 2,16.17).

Justamente neste ponto o homem deveria exercer a sua liberdade, obedecendo. E a Sagrada Escritura narra como o Diabo, sob a forma de serpente, vem tentar Eva. E como o faz? Deus dera uma ordem: "Não comerás!" O diabo vem para suscitar, fazer surgir em seu espírito uma dúvida sobre a legitimidade dessa proibição. Por aí podemos ver como começam muitas tentações de Satanás. Ele lança, primeiro, uma dúvida: "Será que...? Será que isto é verdade? Será que...?" Uma dúvida sobre a legitimidade daquela palavra, daquela situação, daquela proibição.

Em seguida, começa a persuadi-la de que, se comessem desse fruto, longe de morrerem, seriam como deuses. E diz:

"Que nada! De maneira nenhuma morrerão! Isso Deus disse porque, se comerem, ficarão iguais a ele! Serão como deuses, conhecendo por vocês mesmos o bem e o mal, sem necessidade de recorrer à lei dele. E como ele não quer que vocês sejam como ele, proibiu-os de comer aquela fruta! Estão entendendo? É ciúme dele! ele não quer saber de ter concorrentes! É por isso que proibiu. Não tem nada disso de morrer! Bobagem! Onde já se viu morrer por comer essa fruta aí! Ora, ora! E vocês acreditaram nessa! Ah, mas são muito ingênuos! Não entendem nada! Olhem, eu conheço esse Deus, e há muito tempo! Morrem coisa nenhuma! Ao contrário: serão como deuses! Sabendo por vocês mesmos, conhecendo por vocês mesmos o que é o bem e o mal, sem necessidade de Deus. Sem necessidade da lei divina! Que negócio, hem? Vocês têm liberdade! Escolham livremente!" (cf. Gn 3,5).

Ele torce, manipula a verdade, tornando-a uma falsidade. Era uma tentação de orgulho, de revolta contra Deus, suscitando a excelência do próprio ego, acariciando sua vaidade. Eles, então, se encheram de vento, de orgulho, de rebelião e desobediência contra Deus. A mulher vai primeiro e come a fruta. E não morre! Que surpresa: não morre! E diz a Adão: "Veja, eu comi da fruta: ela é gostosa, e eu estou viva, eu não morri! Parece que a serpente é que tinha razão. Coma você também!"

E Adão olha, acha bonita a fruta, vê que a mulher não morreu. Quem sabe a serpente tem razão? Assim, aceita a tentação, sucumbe, e comete formalmente, inspirado pelo orgulho, um ato de desobediência, como diz São Paulo em **Romanos 5**. Vieram, de imediato, outras faltas.

Decidiram não obedecer à ordem de Deus. Não o fazem, preferindo acreditar na dúvida que o Diabo neles suscitara, a acreditar na Palavra de Deus. Vamos encontrar na vida, em nós mesmos e em muita gente por quem rezamos, a mesma situação: o inimigo suscita a dúvida na pessoa, e esta prefere acreditar na dúvida a acreditar na Palavra de Deus. Vocês mesmos podem ver, nas suas próprias vidas, muitas ocasiões em que preferiram acreditar na dúvida a acreditar na Palavra de Deus.

Quando vem a dúvida—uma dúvida maligna, uma dúvida que não deve existir—a pessoa não deve acreditar na dúvida e duvidar da Palavra de Deus; ao contrário, deve duvidar da dúvida e crer na Palavra de Deus! Então, surgindo a dúvida, duvide dela, duvide da dúvida! Não acredite nela. Duvide dela e mantenha-se firme na Palavra de Deus, porque o contrário foi exatamente o que fez Adão e Eva perderem os privilégios que possuíam, cometendo esse ato de desobediência que Deus não quer para nós.

Em **Romanos 5**, São Paulo diz que, pela desobediência de um só homem, Adão, entrou a morte no mundo. Pela desobediência entrou o pecado no mundo. Então, é não seguir os caminhos de Adão e Eva, acreditando na dúvida e duvidando da Palavra; mas fazer o contrário: resistir à dúvida, duvidar da dúvida e manter-se firme na Palavra de Deus.

IV. O pecado original

Então o homem, inspirado pelo orgulho, cheio de vento, achando-se ser alguma coisa nesta vida—como muitos de nós, às vezes—, age desobedecendo, acarretando outras faltas. Era uma falta, uma culpa grave, pois era recusar submeter-se à autoridade de Deus, recusar-se a acreditar na sua bondade; e com uma agravante: a de colocar-se sob a influência do Maligno.

Não foi, portanto, apenas subtrair-se à autoridade de Deus, foi também, com isto, colocar-se sob o Maligno. Por isso São João diz que o mundo está sob o Maligno. Adão como que tomou as suas prerrogativas de rei da criação—era ele que tinha que dar nome a todas as coisas—e as entregou ao Diabo: entregou o ouro ao bandido.

Essa recusa de submeter-se a Deus foi uma negação da bondade de Deus, da sabedoria de Deus, uma negação do domínio supremo de Deus sobre todas as coisas, porquanto o preceito que Deus tinha lhe dado era justamente um meio para o homem, o primeiro homem, exercer sua liberdade obedecendo; um meio para provar sua fidelidade a Deus, que tudo fizera para ele. E ele falhou; e sua culpa é tanto mais grave quanto ele e Eva conheciam melhor—em virtude da santidade e justiça em que tinham sido criados—, conheciam perfeitamente o que Deus tinha feito por eles.

Conheciam, pois, os direitos imprescritíveis de Deus e a gravidade da falta, pela importância do preceito. Como conheciam? Por que Deus dissera: *"Do fruto dessa árvore não comerás; no dia em que comeres, terás que morrer"*. Assim, a gravidade da sanção, ou seja, a morte, que lhe fora anexada, mostrava a gravidade, a importância da ordem. Esta era tão importante que, infringida, acarretaria a morte do infrator: indicação indireta, mas concreta, do peso que Deus colocava na obediência àquela ordem: *"no dia em que dela comeres, terás que morrer"*.

Por outro lado, não eram arrastados pelo ímpeto das paixões, por causa do domínio que tinham deles próprios, que lhes permitia dominá-las e não ser por elas dominados. Eles não eram como nós. Nós, por exemplo, diante daquelas trinta jabuticabeiras, pretinhas de jabuticabas, saímos correndo, chupando uma aqui, outra ali, a descobrir qual a mais doce; então vamos galho acima e — toc – toc – toc — daí a pouco fica um monte de cascas e caroços debaixo de nós: chupamos tanto que, quando vamos descer, temos que ter cuidado, porque estamos até meio tontos de tanta fruta!

Eles não tinham isso. Porque as paixões não os dominavam, tiveram tempo de refletir sobre as conseqüências terríveis de seu ato, o que faz o seu pecado realmente grave. Tinham todo o conhecimento da coisa e preferiram duvidar da Palavra de Deus, dando crédito à dúvida! A gente fica meio sem saber: mas como é que eles, que não eram impelidos por desejos desordenados, não eram dominados pelo que chamamos de concupiscência, como foram cair nessa? A gente fica meio sem saber...

Não se explica, sem uma certa dificuldade, como é que puderam pecar, se não estavam sujeitos à tirania da concupiscência. Para o compreendermos, não nos esqueçamos que, com todos os privilégios, Deus conservou o homem livre—portanto capaz de escolher mal, capaz de pecar. Seus privilégios não impediriam o homem de pecar, se assim escolhesse livremente, no exercício de sua liberdade.

Da mesma maneira, Lúcifer, aquele querubim maravilhoso, que estava acima de todas as hostes angélicas, com todos os privilégios que tinha, deixou-se levar pela própria beleza e a preferiu à excelência de Deus. Diante da prova a que foi submetido, estava livre para escolher servir ou não ao plano de Deus, e preferiu o não. Preferiu negar-se a Deus, revoltar-se contra Deus e escolher a si mesmo. Na mesma linha, faz Adão pecar. Faz, porque foi a causa externa, tentando-o e seduzindo-o. O homem cedeu a essa sedução, a essa tentação, e esco-lheu livremente pecar, desobedecendo a Deus.

Deus é o Bem supremo e tudo criou para si, para o Bem. Toda criatura anseia pelo bem, sempre, em sua vida. E, na sua busca do bem, ela pode, em determinado momento, preferir não o Bem supremo, mas um bem imediato, um bem menor, ou mesmo uma aparência de bem, que não está ordenado ao Bem supremo, que não a leva a ele, mas a desvia dele. Pode, pois, deixar-se levar pela escolha daquilo que lhe parece um bem imediato que a satisfaz naquele momento, apegar-se a esse bem menor, em detrimento do Bem supremo. O pecado é, também essa preferência, isto é, o exercício de nossa liberdade para inclinar-nos para um bem que nos desvia de Deus. A idolatria é dessa ordem: a preferência de uma coisa, uma pessoa, um anjo, uma criatura qualquer, em detrimento da preferência absoluta que compete a Deus.

Criatura nenhuma é impecável; pode, efetivamente, desviar os olhos do bem verdadeiro para os voltar para o bem aparente, apegar-se a este último e preferi-lo ao primeiro; e é precisamente esta preferência que constitui o pecado. Todo pecado será uma desobediência a Deus e uma falta de confiança em sua bondade.

Jesus restaurou a capacidade de o homem obedecer a Deus, de identificar a sua vontade com a de Deus. Esta identificação é um privilégio a que pode-se chegar aqui na terra ainda, mas somente depois de uma vida de contínua preferência da vontade de Deus, de tal maneira que se torne uma espécie de segunda natureza em nós—e é, de fato, viver em nível dessa segunda natureza, que é a participação da natureza divina. Quando passamos, realmente, a viver em nível de vida eterna, em nível de natureza divina, então, a nossa vontade se orienta, com cada vez maior inteireza, no sentido da vontade de Deus.

O pecado, então, vai tendo cada vez menos presa em nós, vai se tornando cada vez mais fraco, influindo cada vez menos em nossa vida. É a isso o que o Espírito Santo nos quer levar, para isso ele nos foi dado: para fazer de nós verdadeiros filhos de Deus, obedientes à sua vontade:

"Todo aquele que nasceu de Deus não comete o pecado, porque sua semente permanece nele; ele não pode pecar porque nasceu de Deus" **(1Jo 3,9).**

IV. O castigo

. . . .

A. Nossos primeiros pais, tendo livremente escolhido desobedecer a Deus, cometeram falta grave e lhes sobreveio o castigo. Castigo aqui é dito da conseqüência má de uma má escolha: se me ponho fora da janela, no ar, certamente vou cair ao chão e machucar-me. Então alguém dirá: "Bem feito! P'ra que que foi se pôr no ar fora da janela? Foi castigo!" Não; não foi castigo. Castigo seria uma escolha deliberada de punir, como, por exemplo, quando um pai vai punir um filho. Mas se o filho escorrega, cai, e se machuca, seus ferimentos não são castigo pela sua queda, mas conseqüência de leis naturais. Se nos pomos contra elas, elas reagem. Assim, também, o castigo aqui considerado.

Quais foram as conseqüências negativas — o castigo — para nossos primeiros pais e para a sua posteridade? Vocês se lembram que aqueles privilégios com que foram criados, não lhes foram dados apenas para seu uso e conveniência, mas deveriam ser passados à sua futura descendência. Antes, porém, de terem descendência, pela sua desobediência, perderam-nos. E assim veio sobre eles um duplo castigo: um castigo pessoal, para eles, e um castigo para a sua posteridade—todos os homens de todas as épocas.

O castigo pessoal de nossos primeiros pais é descrito no livro do Gênesis. Vocês se lembram que Deus estava passeando, pela brisa matinal, no jardim, e perguntou: "Adão, onde estás?" Mas Adão tinha se escondido atrás duma árvore, e de lá respondeu: "É... eu vi o Senhor vir por aí, mas fiquei com medo e me escondi, porque estou nu..." Aí Deus pergunta: "E quem te disse que estás nu? Certamente comeste da fruta que te proibi de comer!" Adão, então, diz: "Bom, realmente; foi a serpente. Ela veio, falou com a mulher; a mulher comeu e me deu, e eu comi..."

Já se nota aí uma primeira conseqüência negativa: o homem se esconde de Deus, e passa a ter medo dele. Em vez de continuar seu amigo, como era antes, quando passeava com Deus no jardim, já se esconde de Deus, tem medo dele, não quer estar na sua presença, já não pode gozar da sua intimidade.

Coisa semelhante talvez tenha se passado com Lúcifer: quando pretendeu ser ele seu próprio deus, revoltando-se contra o Deus verdadeiro, não pôde mais estar na presença deste, porquanto sua inimizade para com ele já o projetava para longe de Deus. Deus não precisou expulsá-lo de sua presença santa. Já por ter escolhido ser contra Deus, projetou-se para longe dele, porque Deus é a santidade, Deus é o amor, e o que não se coaduna com a santidade e o amor de Deus projeta-se para longe dele, porque não suporta a santidade de sua presença.

Assim Adão, tendo deixado de ser amigo de Deus, colocando-se com seu inimigo, já não podia estar na sua presença e se esconde. Afasta-se de Deus porque já não podia estar na sua intimidade como antes. Desta forma, não podia também conservar os privilégios que para isto recebera. Por que? Porque estes privilégios lhe tinham sido dados justamente para levá-lo à intimidade de Deus. Deus o criou para ser seu filho adotivo. Como ele deixou de ser seu amigo, já não podia conservar os dons que o capacitavam a estar na intimidade de Deus, e, assim, os perdeu.

Ainda aqui, se manifesta a bondade de Deus. Criara o homem para ser seu filho adotivo no seu Filho Unigênito e não deixa que seu plano seja frustrado por uma insídia de Satanás. Este não é Deus, mas uma simples e pobre criatura, afastada de Deus, impedida, para todo o sempre e por sua própria escolha, de se aproximar de Deus. Ambicionava para si o lugar que o homem vai ocupar, e por isso odeia-o de morte: é *homicida desde o princípio*, diz São João **(8,44)**. E, assim, imperturbável, Deus prossegue com o seu plano de amor para o homem. Entretanto, este, tendo perdido a intimidade com Deus, terá de morrer, como Deus lhe dissera, mas lhe são conservados a vida, a natureza e os seus privilégios naturais.

A vontade ficou enfraquecida, mas permanece livre, e pode escolher entre o bem e o mal. Deus quis até deixar-lhes a fé e a esperança, e fez imediatamente brilhar a seus olhos desalentados a visão de um libertador, saído de sua raça, que um dia triunfaria do diabo e restauraria o homem:

> "*Então Deus disse à serpente:... 'Porei hostilidade entre ti e a mulher, entre tua linhagem e a linhagem dela. Ela te esmagará a cabeça e tu tentarás ferir-lhe o calcanhar'*".**(Gn 3,15).**

Com isto Deus opõe o homem ao Diabo e a todos os da sua "raça", e deixa entrever a vitória final do homem: é um primeiro vislumbre de salvação, conhecido como o **protoevangelho**. Um descendente deles, provindo de sua raça, seria o libertador que um dia triunfaria do diabo e restauraria o homem decaído.

Assim, logo depois da queda de Adão e Eva, Deus lhes promete o libertador. Ao mesmo tempo, vai tocando os corações de Adão e Eva para se arrependerem. Dá-lhes graças atuais, graças que agem em seus corações, movendo-os ao arrependimento. Quem sabe não tenha tardado o momento em que o pecado lhes foi perdoado? Lemos que Jesus, no seu tempo de morte desceu ao Hades, onde estavam as almas dos justos do Antigo Testamento e levou todos consigo. Em **Efésios** 4,8 lemos: *"Levou cativo o cativeiro"*. Os antigos Padres da Igreja deleitam-se em imaginar o diálogo de Jesus com Adão, dizendo aquele a este: "Meu pai, perdeste tudo, mas vim para restaurar e buscar-te". E leva todos consigo.

B. Mas, qual será a sorte da raça humana que nascerá de Adão e Eva? Ela será também privada, desde o instante de sua concepção, da santidade e da justiça original, em que Deus criara Adão e Eva, para poderem participar de sua intimidade. Estes dons puramente gratuitos, que eram, por assim dizer, um bem de família, só se haveriam de transmitir à posteridade de Adão, se este permanecesse fiel a Deus; ao cederem ao Tentador, Adão e Eva cometem um *pecado pessoal*, mas este pecado afeta a *natureza humana*, que, por eles, vai ser transmitida em *estado decaído*. É um pecado que será transmitido por propagação à humanidade inteira, isto é, pela transmissão de uma natureza humana privada da santidade e da justiça originais. Por isso, o pecado original é chamado "pecado" de maneira analógica: é um pecado "contraído" e não "cometido"; um estado e não um ato.

Adão deve, certamente, ter-se arrependido e feito penitência; mas, se recobrou a graça, não foi senão como pessoa particular e por sua própria conta, não podendo, por conseguinte, transmitir nada à sua posteridade. Assim, todo homem que vem ao mundo deve se arrepender individualmente de todas as coisas más que faz, e reconciliar-se, também individualmente, com Deus.

Adão era o chefe, o cabeça da raça humana. Perdeu essa qualidade. E Deus imediatamente dá à humanidade um novo chefe. E imagino eu que tenha mostrado a Adão e Eva, em visão, a figura do novo chefe que nasceria deles, na sua descendência. A esse novo chefe, o Messias, o Ungido de Deus — o novo Adão, no dizer de São Paulo (1Cor 15,45) — que, desde aquele momento foi constituído cabeça da raça humana, é que estava reservado expiar as nossas culpas, efetuar a nossa redenção, resgatando-nos das mãos de Satanás. Iria, também, instituir o sacramento da regeneração, para transmitir a cada batizado a graça perdida pelo primeiro homem.

A descendência do Novo Adão não será, assim, uma descendência na carne, à maneira da natureza humana, mas sim uma descendência na fé, por meio do sacramento da regeneração. Regeneração é um novo nascimento. A geração humana transmite apenas a natureza humana. A regeneração é um novo nascimento. Nascemos de novo, de Deus e para Deus, sendo mergulhados na morte de Cristo e ressurgindo com ele para uma vida nova.

Assim, pois, os filhos de Adão nascem privados da santidade e da justiça originais. É um *estado de pecado*. Embora próprio a cada um, o **pecado original**, o pecado das origens, que é pecado em sentido analógico, não implica em ato algum culpável da nossa parte, não tem caráter de falta pessoal.

Nascemos com uma privação, destituídos da santidade e justiça originais, privados de todas as graças que nos introduziriam na intimidade de Deus. É a carência de uma qualidade essencial que deveríamos possuir e que não nos foi transmitida por geração, ficando em nós uma nódoa, uma mancha, uma mácula, que nos afasta do Reino dos céus.

Isto implica num estado de decadência, mas não ficamos totalmente corrompidos. Nossa natureza é lesada nas suas próprias forças naturais, submetida à ignorância, ao sofrimento e à morte, e inclinada ao pecado (é o que se chama de "concupiscência"). Esta adquiriu muita força em nós, por isso, é forte, em nós, o desejo das coisas, o domínio das paixões, o que nos obriga a uma luta contínua para não pecarmos, por não termos muita resistência às tentações.

Em resumo, pois: o homem foi criado em harmonia interior perfeita: o corpo submisso à mente, e os dois submetidos ao mando do espírito do homem, e este submisso ao Espírito Santo de 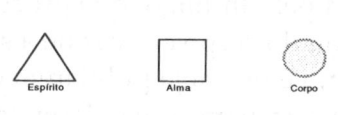 Deus. Pode-se fazer disso esta representação gráfica, embora grosseira, evidentemente.

E esta é a harmonia que Deus para o homem. Quando este se desde Deus, de-sobedecendo-lhe e não querendo sobre si o domínio de na ilusão de poder ser deus ele mo, houve um corte nessa harmo- terior. Seu espírito desligou-se do 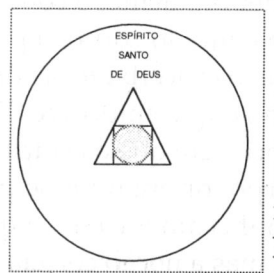 quer ligou mais Deus, mesma nia interior. Espírito Santo de Deus, que lhe dava ordem e harmonia. Que aconteceu então?

 Aconteceu que o espírito do homem, sem a presença do Espírito de Deus, não podia manter o seu comando. Assim, de uma parte, a mente extrapolou seu papel, assumindo poder sobre toda a pessoa; 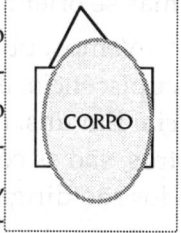 de outra parte, o corpo rebelou-se, para também manifestar sua autonomia.

41

Quando nos é aplicada a Redenção do Senhor Jesus em nosso Batismo, recebemos a vida da graça de Cristo, quando nos abrimos e aceitamos sobre nós o seu Senhorio, e nos submetemos à direção do Espírito Santo, é apagado o pecado original e de novo a mente se submete ao espírito, o corpo à mente, e a harmonia interior vai se instalando em nosso ser. 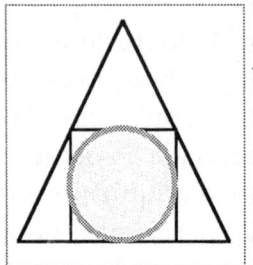 Entretanto, as conseqüências do pecado original sobre nossa natureza, enfraquecida e inclinada ao mal, permanecem em nós, e nos obrigam a um combate espiritual contínuo.

Não faltam, ainda, os sistemas inventados pela rebelião do homem ou inspirados pelo Inimigo, que procuram promover o culto da mente ou do corpo em vez de a submissão ao plano de Deus. Assim, vemos hoje pulularem doutrinas orientais ou esotéricas que acenam com o desenvolvimento do poder da mente, o controle mental, a magia; e, por outro lado, o culto do corpo, o poder dos músculos, a sensualidade, o sexo exacerbado, as drogas inebriantes, o fumo, a bebida, tudo o que entorpece. Em outras pessoas dá-se um certo equilíbrio, em que o espírito humano ainda domina a mente e o corpo, orientando-se pelos caminhos do bem. Embora não conheçam a Deus, o que as guia não é a mente nem o corpo, mas a noção correta do bem. É o homem de bem, que ainda não conhece a Deus, ainda não se entregou a Deus, mas se orienta pelo bem.

Vemos, pois, que não é igual em todos os homens a concupiscência, e nem todos têm o mesmo tipo de concupiscência. Em uns, o domínio das paixões é predominante; em outros, são as coisas da razão, os vários racionalismos; nem todos são dirigidos por um espírito equilibrado e reto.

Em tudo isto entra muito o jogo de Satanás, para impedir que a pessoa volte para Deus e receba tudo quanto Deus tem para ela, pelos merecimentos de Jesus. Essa oposição do Inimigo estende-se também, como veremos depois, à ajuda dos anjos bons, a quem Deus determinou que cuidassem de nós.

> **ORAÇÃO:** *Senhor, nós vos louvamos e bendizemos por tudo o que nos dais, e por essa bondade imensa de nos restaurar na vossa presença, de nos re-conduzir à vossa intimidade.*
>
> *Nós vos louvamos e bendizemos porque quereis de novo nos chamar "amigos", e porque nos guiais com o vosso Espírito Santo, tendo nos dado uma participação da vossa natureza.*
>
> *Nós vos glorificamos, bendizemos e agradecemos, e vos pedimos que possamos viver cada vez mais dóceis às inspirações de vosso Espírito Santo, que nos levem a ser totalmente agradáveis ao Pai e a vós, como quereis.*
>
> *Abençoai o nosso dia e cada um de nós, as nossas famílias, e que tudo seja para a vossa glória e para vossa honra.*
>
> Muito obrigado, Senhor.
Glória a vós, Senhor!
Amém.

Capítulo 4

A Redenção

Senhor, nós louvamos e bendizemos porque sois bom; vós sois aquele que nos ama! E vos agradescemos as maravilhas de vossa criação, e as maravilhas tão maiores de vossa Redenção, que nos abre as portas do céu, nos restaurando e fazendo de nós novas criaturas, vivendo a vida nova de vosso Reino.
São tantas as vossas bondades para conosco, porque nos amais e quereis que sejamos totalmente a vossos, como não entregarmos a vós em rendição total? Vós sois maravilhoso e bom, nosso Rei e Senhor, nosso tudo!

Muito obrigado Senhor
Glória vós, Senhor
Amém!

I. Introdução

Vimos os desastrosos efeitos da desobediência do homem, de sua queda; o pecado original e suas conseqüências para todos os homens, todos os descendentes de Adão. Vimos que, embora o pecado original não seja propriamente um pecado pessoal, suas conseqüências funestas são transmitidas a todos, porquanto ocasionou a perda daquele estado privilegiado, em que o homem fora amorosamente criado por Deus, nessa condição maravilhosa que eram a **santidade e justiça originais**.

Perdidas estas, o homem decaiu da ordem de Deus, e nele entrou a desordem. Ficou como que desarvorado: tudo quanto devia estar submetido ao Espírito Santo de Deus, e ao espírito do homem iluminado pelo Espírito Santo, a sua mente, o seu corpo, suas emoções, tudo isto, tendo o chefe desobedecido, entrou em desobediência.

Logo, a mente deixa de obedecer ao espírito e tende a assumir todo o comando; ou o corpo, os impulsos da natureza física, a parte emocional, cada qual quer mandar e nenhum obedecer.

De acordo com a prevalência de cada um desses setores, o homem age e peca na área em que essas capacidades revoltadas, desobedientes, prevalecem. Temos, assim, emoções desordenadas, sentimentos desordenados, numa triste condição.

E temos bem mais *obstáculos* a superar, em particular, a tirania que os demônios exercem sobre os que se deixam vencer, mas é dever acrescentar que esses obstáculos são abundantemente compensados pelas graças atuais que Deus, na sua bondade, nos concede em virtude dos merecimentos de seu Filho, e pela proteção dos anjos bons, sobretudo, nossos anjos da guarda.

II. Conseqüências da Queda

O que se pode dizer é que, pela queda original, o homem perdeu esse belo *equilíbrio* que Deus lhe tinha dado, e que, relativamente ao estado primitivo, ele é agora um *ente ferido* e sem inteiro *equilíbrio*, como podemos ver pelo estado presente de nossas faculdades.

A. É o que aparece, antes de tudo, em nossas *faculdades sensitivas*:

1. Os nossos *sentidos exteriores*, como os olhos, por exemplo, atiram-se logo para o que agrada à curiosidade, os ouvidos escutam com sofreguidão tudo o que satisfaz o desejo de conhecer as novidades, o tato busca sensações agradáveis, tudo sem a mínima preocupação com a lei moral, com o interesse do homem total.

2. O mesmo se verifica com os nossos *sentidos interiores*: a imaginação representa todo tipo de cenas mais ou menos sensuais, as paixões precipitam-se para o bem sensível ou sensual, onde quer que o perceba, por menor que ele seja. Às vezes, uma coisa tem 5% de bem e 95% de mal, mas as paixões vão atrás daquele bem, sem se importarem com os 95% de mal que ali estão também. Muitas vezes o fazem mesmo com violência, chegando a querer matar para conseguir seu objetivo, sem se in-quietarem com o lado moral, procurando arrastar a vontade ao consentimento.

O Decálogo nos manda não matar, não roubar, não cobiçar as coisas alheias; e por que? Justamente porque é a inclinação desordenada do homem que o leva a isso; o Decálogo nos faz despertar para essa situação e nos traz uma graça que nos ajuda a resistir a esses impulsos interiores desordenados. Esses impulsos, portanto, não são irresistíveis, visto que essas faculdades ficam, em certa medida, sujeitas à razão, mas exigem muito esforço para serem contidas e direcionadas para o bem.

Por isso vemos tantos justos no Antigo Testamento, que venceram o combate, mantendo-se na graça de Deus; e vemos também, tantos reis do povo eleito que preferiram outros caminhos, não atendendo à graça que sobretudo a eles era dada.

B. As *faculdades intelectuais*, que constituem o homem propriamente dito, a inteligência e a vontade, foram atingidas também pelo pecado original.

1. Nossa *inteligência*, é certo, continua capaz de conhecer a verdade, mas é com grande e paciente trabalho que vai adquirir, mesmo sem o auxílio da revelação, o conhecimento dum certo número de verdades fundamentais, da ordem natural. Mas:

a) em lugar de subir espontaneamente para Deus e para as coisas divinas, em vez de elevar-se das criaturas ao Criador e buscar no Criador a sabedoria e o conhecimento de todas as coisas, como antes, tende a absorver-se no estudo das coisas criadas, sem remontar à sua causa, a concentrar a atenção sobre o que satisfaz a própria curiosidade e a sua vaidade, descurando o que se refere ao seu fim. E existe um fim, uma finalidade, uma meta; o Senhor nosso Deus imprime em nós, quando nos cria, um impulso que nos leva a essa meta, a esse fim. A inteligência, largada a si mesma, vai procurar tudo o mais e se esquece do fim a que tende o homem, e as preocupações do tempo impedem-na, muitas vezes, de ultrapassar o tempo e pensar na eternidade.

Daí o terreno fértil para as formas de paganismo, de neopaganismo que vemos hoje grassar, essa chamada "Nova Era", essas coisas orientais que nos chegam: todos nos levam a pôr nossa atenção e curiosidade nas coisas da natureza e a dar-lhes importância que não têm.

Assim, o homem, criado para estar com Deus e estar junto de Deus, acima dos anjos, coloca-se em posição de rebaixamento tal—que não é manifestação de humildade, mas de revolta e desobediência—que se deixa ser, se faz ser, quer ser guiado pelos elementos da natureza (astros, força das pedras, forças dos lugares, forças cósmicas, "prana" e mais...). Quer dizer, o homem vai submeter-se aos elementos mesmos sobre os quais deveria exercer domínio, como rei da criação em união com Deus.

Porque o homem não quis ser servo de Deus, mas sim seu próprio senhor, provocou toda essa desordem: primeiro, desordem interior em suas próprias faculdades, pois nenhuma quer ser serva, nenhuma quer estar no seu lugar, mas cada qual busca caminhos próprios, que levam para longe da ordem que Deus quer para o homem. Segundo, desordem exterior: os elementos, que deveriam ser seus servidores, passam à condição de seus senhores.

Vemos já São Paulo dizer aos gálatas que são insensatos, pois se criam em Cristo Jesus, como poderiam voltar a submeter-se de novo aos elementos da natureza, a consultar os astros e as pedras? Todo esse neopaganismo que vemos grassar, à nossa volta, reedita o que faziam os gálatas: depois de conhecer o Evangelho, muitos se voltam para essas coisas que não levam a Deus, não levam o homem à plena estatura que deve ter em Cristo Jesus, mas o rebaixa a servidor de criaturas sem inteligência.

b) Por essa desordem da inteligência, ficou no homem uma enorme facilidade de *cair no erro*. Os numerosos preconceitos a que é propensa, as paixões, que agitam a alma e lançam entre ela e a verdade como que um véu, extraviam-na muitas vezes; fazem-na incapaz de raciocinar, de ficar em paz, de perguntar a Deus o que é melhor, o que Deus quer. Tudo isto é esquecido, e a alma age ao sabor dos ventos interiores até mesmo em questões mais vitais, de que depende a direção de sua vida moral.

2. Nossa vontade mesma, em lugar de se submeter a Deus, como pedimos no **Pai–nosso** — *seja feita a vossa von-*

tade assim na terra como no céu —, revolta-se e quer ser *independente*; custa-lhe submeter-se a Deus e, sobretudo, aos seus representantes na terra. Na verdade, custa-lhe submeter-se a qualquer tipo de autoridade. E quando se trata de vencer as dificuldades que se opõem à realização do bem, àquilo que Deus quer, diante das contrariedades, das oposições, da injustiça, então é que se percebem a sua fraqueza e inconstância: a vontade esmorece diante do esforço necessário para vencer o mal com o bem. Muitas vezes ela se deixa arrastar pelo sentimento e pelas paixões.

São Paulo descreve esse estado dizendo, em **Romanos 7,19-25**:
"*Não faço o bem que quero, mas sim o mal que não quero... Porque me deleito na lei de Deus, segundo o homem interior; vejo, porém, nos meus membros outra lei, que luta contra a lei do meu espírito*".

Vejam: "*nos meus membros, uma outra lei, que luta contra a lei do meu espírito*"! "*...e me torna cativo da lei do pecado, que está nos meus membros*". É esta, exatamente, a situação do pecado original em nós, da desordem interior, em que cada membro nosso vai por seu caminho, buscando a própria satisfação. Enquanto o homem deseja, por causa do impulso interior de Deus nele, Deus e as coisas divinas, as suas capacidades, as suas potências desordenadas vão cada uma para o seu lado.

Então, por um lado, quer a realização da lei de Deus, mas vê, nos seus membros, a lei do pecado. Qual a lei do pecado? A desobediência. A desobediência é o pecado. **O pecado!** E por essa porta entra tudo o mais: revolta, orgulho, vaidade, independência.

"*...Homem infeliz que sou! Quem me livrará do corpo desta morte? Graças a Deus, por Jesus Cristo, Nosso Senhor*".

Quer dizer: é Jesus Cristo que nos livra do corpo dessa morte que é o afastamento de Deus pela desobediência.

Tanta gente acha bonita a desobediência! Imagine, ser independente de todos! Não prestar contas a ninguém, nem a Deus! E vemos o mundo nos educar para isto, para sermos independentes, autônomos, para a afirmação própria. "Ninguém manda em mim! Ninguém tem que me dizer nada!" Por causa disto, para libertar-nos desse pecado Jesus assumiu a nossa natureza no seio da Virgem Maria.

III. Restauração pela obediência

Na **Epístola aos Filipenses** (2,6-11) lemos que o Filho de Deus despojou-se de sua divindade para fazer-se homem como nós, assumindo a forma de escravo, fazendo-se em tudo igual a nós, exceto o pecado. O autor da **Epístola aos Hebreus** (5,8) nos diz que, pelos seus sofrimentos, embora sendo Filho, aprendeu a obediência. E fez-se obediente — até à morte —, e não qualquer morte, mas a mais infamante, a morte na Cruz.

E porque fez-se assim obediente até à morte, Deus lhe deu um nome que está acima de todo nome, para que, ao nome de Jesus, todo joelho se dobre, no céu, na terra e abaixo da terra. Assim, tendo ele sido obediente ao máximo, recebeu o máximo de autoridade.

No Reino de Deus, só tem autoridade quem primeiro obedece. Se não houve, antes, obediência, depois não há au-toridade. Quanto mais obediente a pessoa, mais autoridade recebe.

Por isso Nossa Senhora vem logo depois de Jesus em autoridade, por sua perfeita obediência. Como simples criatura, tem a maior autoridade no Reino. Assim, pode-se dizer que, no Reino, há uma hierarquia, que pode ser distinguida pelo grau de obediência de cada um.

Quanto menos obediente, portanto, tanto menor autoridade no Reino, e a mais desobediente de todas as criaturas nenhuma autoridade tem no Reino, do qual é excluída: Satanás.

Diz ainda a **Epístola aos Hebreus** (5,9), que, tendo Jesus, pelos seus sofrimentos, aprendido a obediência, *"tornou-se causa de salvação eterna para todos os que lhe obedecem"*.

Desta maneira, aquele estado triste que nos veio depois da queda de Adão, pela perda da justiça original, é reparado por Jesus em todos aqueles que lhe obedecem.

Por isso, nós, que obedecemos a Jesus, temos em nós dons semelhantes, porém de categoria superior, aos que Adão perdeu. Estes dons são para todos os que são restaurados pela obediência a Jesus e o têm como seu Senhor e Salvador.

Temos a **ciência infusa**, pois o Espírito Santo nos ilumina com dons de revelação: palavras de sabedoria, palavras de conhecimento, discernimento de espíritos. Também nos confere o dom da **impassibilidade** toda vez que precisamos dar testemunho de Jesus pelo martírio. E assim os outros dons carismáticos e mais graças desse estado de vida nova, de homem novo, a que somos elevados pela restauração feita por Jesus, e na qual ingressamos, cada um **de per si**, pela sua adesão ao plano de Deus.

Portanto, os dons do Espírito Santo não são coisinhas que eu possa ou não querer; não posso deixar de querê-los, se estou em Cristo Jesus, porque fazem parte desse novo modo de viver, como filhos do Reino. Por isso não se pode compreender que pessoas queiram viver em Jesus sem os dons do Espírito Santo, recusando-os mesmo. É o mesmo que dizer que não querem ser restaurados em Cristo Jesus, porquanto aqueles dons fazem parte da vida nova que a **REDENÇÃO** nos traz pelo sangue de Jesus.

IV. A Redenção e seus efeitos

A Redenção é a obra mais maravilhosa, a obra-prima de Deus, que *refaz* o homem desfigurado pela culpa e o repõe, em certo sentido, num estado melhor que o anterior à queda, a tal ponto que a Igreja, na liturgia da Páscoa não receia, assumindo as palavras de Santo Agostinho, bendizer a culpa que nos valeu um Redentor tão sublime como Jesus, o Homem–Deus.

A. A natureza da Redenção

Deus é onisciente, Deus é a sabedoria, Deus é o amor. Isto é uma das coisas que mais torturam Satanás: tudo o que ele faz, só o pode fazer até um certo limite, determinado por Deus. E de tudo o que ele faz, Deus acaba produzindo um bem. Ele vai, tenta o homem, derruba-o, pensa que venceu o plano de Deus.

Mas a queda do homem não apanhou Deus de surpresa: desde toda eternidade quis preparar para os homens um Redentor na Pessoa de seu Filho, que aceitou fazer-se homem para nos salvar. É terrível para Satanás querer sempre destruir a obra de Deus e ver apenas os seus esforços destruídos a cada passo. Ele é uma simples criatura, e Deus é Deus.

Desde toda eternidade Deus quis preparar para os homens um Redentor na pessoa de Jesus, na pessoa de seu Filho, que aceitou fazer-se homem para nos salvar. E o Filho de Deus, feito homem por nós, Jesus, foi constituído cabeça da humanidade, para poder expiar perfeitamente o nosso pecado e restituir-nos, com a graça, todos os direitos ao céu. Deste modo, como sempre, Deus tirou do mal o bem, e conciliou os direitos da sua *justiça*, de exigir reparação, com os direitos da sua *bondade*, os da sua *misericórdia*. Nós não entendemos muito bem essas coisas.

Reparação e restauração

A justiça perfeita exigia *reparação adequada*, isto é, igual à ofensa, oferecida por um *representante legítimo* da humanidade ofensora. Isto é o que Deus realiza plenamente pela Encarnação e Redenção.

a) A Encarnação

Como foi um homem, Adão, cabeça da humanidade, que ofendeu a Deus, a reparação dessa falta deveria ser realizada, também, por um representante da humanidade, adequado e capaz. Como isto era impossível para o homem, Deus envia seu Filho Unigênito em seu auxílio:

> "*Mas Deus demonstra seu amor para conosco pelo fato de Cristo ter morrido por nós quando éramos ainda pecadores. Quanto mais agora, justificados por seu sangue, seremos por ele salvos da ira. Pois, se, quando éramos inimigos, fomos reconciliados com Deus pela morte de seu Filho, muito mais agora, estando já reconciliados, seremos salvos por sua vida*" (**Rm 5,8-10**).

Assumindo nossa humanidade pela Encarnação, Deus Filho é constituído, por isso mesmo, chefe da humanidade, cabeça dum corpo místico cujos membros somos nós. Ele é homem como nós porque assumiu totalmente nossa natureza. Fez-se igual a nós em tudo, exceto o pecado: Maria Santíssima foi concebida sem pecado, e sem pecado concebeu Jesus.

Assim, o pecado original a ele não chegou, como a ela não chegara. Ele não conheceu essa desordem; mas conheceu os efeitos do pecado nos homens de sua época. Cheio de misericórdia, curava todos os que estavam, por isso, oprimidos pelas doenças e pelo demônio. Ele conheceu nos homens a doença, a morte, a revolta, e as demais conseqüências do pecado.

Por isso diz a **Epístola aos Hebreus** (4,15) que não temos um sumo–sacerdote que seja incapaz de se compadecer, porque ele conheceu todas as nossas misérias. Sendo homem perfeito, ele tem, pois, direito de operar e reparar aquela ofensa em nome de todos os seus semelhantes, como cabeça e representante da humanidade.

b) A Satisfação

Uma ofensa se mede não pela pessoa do ofensor, mas pela dignidade da pessoa ofendida. Se você vai e ofende um colega seu, é uma coisa; mas se você vai e ofende o Presidente da República, é outra. Por que? Porque o Presidente da República está revestido de uma autoridade, de uma dignidade superior à do seu colega, não como homem apenas, não como filho de Deus, mas em virtude da investidura de que foi revestido. É essa superioridade, essa dignidade da pessoa ofendida que vai dar qualidade à ofensa.

Agora, se é Deus Infinito o ofendido, essa ofensa é infinita e não pode ser reparada por um homem, que é uma criatura finita. É necessário que a reparação seja feita de Deus para Deus, para ser condizente com a sua dignidade. Ora, o Verbo Eterno de Deus, Deus de Deus, Luz da Luz, tendo assumido nossa natureza, dá a suas ações humanas valor infinito.

Com efeito, Jesus é uma pessoa divina numa natureza humana: totalmente Deus e totalmente homem. Então, como homem, ele pode reparar, por ser representante da humanidade; como Deus, pode fazê-lo de maneira condigna, pois, se a ofensa se mede pela dignidade da pessoa ofendida, o valor moral de uma ação se mede pela dignidade da pessoa que age.

A reparação que ele faz, portanto, é, não apenas *igual* à ofensa, senão também muito superior a ela, por ter *valor moral infinito*; de fato, como o valor moral duma ação vem, antes de tudo, da dignidade da pessoa que age, todas as ações do Homem-Deus Jesus têm valor infinito. Um só dos seus atos teria, pois, bastado para reparar adequadamente todos os pecados dos homens.

Ora, Jesus praticou atos inumeráveis de reparação, inspirados pelo mais puro amor, completando-os pelo ato mais sublime e heróico: a imolação de si mesmo durante sua dolorosa Paixão e no Calvário; por conseguinte, satisfez abundante e superabundantemente, como diz São Paulo em **Romanos 5,20**:

"*Onde abundou o pecado, superabundou a graça*".

Essa reparação, essa graça obtida por Jesus foi muitíssimas vezes, infinitamente, superior ao pecado primeiro.

c) A Restauração

Essa reparação, além de ser feita por um legítimo representante do ofensor e de acordo com a dignidade da pessoa ofendida, deve também ser do mesmo gênero que a ofensa. Adão tinha pecado por *desobediência* e *orgulho*; Jesus repara por sua *obediência e humildade*: a obediência repara a desobediência, a humildade repara o orgulho: reparação do mesmo gênero, em sentido contrário. E tudo isto inspirado pelo seu amor infinito, que foi até o fim, até o extremo:

"*fez-se obediente até a morte, e morte de cruz*"
(Fl 2,8).

Vocês se lembram de que São Pedro negou Jesus três vezes; e que, depois da ressurreição, Jesus, lá na praia chama os discípulos, que o encontram, grelhando um peixe. E Jesus, com toda bondade e mansidão, pergunta três vezes a Pedro: "*Pedro, tu me amas?*" E as três respostas afirmativas de Pedro foram remédio para sua dor interior de, por três vezes, ter negado Jesus. Foram uma reparação e uma cura interior para ele.

Assim também quanto ao pecado original: como na queda interviera uma mulher para arrastar Adão, assim também na Redenção intervém uma mulher pelo seu poder de intercessão e por seus méritos: é Maria, a Virgem Imaculada, que aceita ser a Mãe do Salvador, criando Jesus, estando com ele todo o tempo até ao pé da Cruz, quando dele recebe a incumbência de ser Mãe de todos nós.

Assim cooperando com ele, embora secundariamente, na obra reparadora, é chamada co-redentora, não porque tivesse capacidade ou possibilidade, como criatura, de operar a

Redenção, mas sim por sua colaboração total, íntima, querida por Deus.

A ação destruidora de Eva é, desta maneira, reparada pela ação humilde e construtora de Maria, pelo que esta é chamada a Nova Eva, a nova Mãe da humanidade. Assim foi plenamente satisfeita a *justiça*, e ainda mais a *bondade* de nosso Deus Uno e Trino.

B. Obra da misericórdia infinita

Por tudo isto nos diz e nos mostra a Sagrada Escritura que a Redenção é uma obra das Três Pessoas da Santíssima Trindade. É Deus, todo ele se aplicando a redimir o homem, movido pela sua infinita misericórdia, pelo excessivo amor que nos tem:

"Deus, que é rico em misericórdia, vivificou-nos em Cristo" **(Ef 2,4).**

São Paulo usa esses termos densos para fazer-nos compreender o mistério. *"Vivificou-nos com Cristo"*, quer dizer, deu-nos de novo a vida, a todos, com Cristo Jesus; nele temos a vida nova, e são as Três Pessoas divinas que fazem essa obra, cada uma delas concorrendo com um amor que parece verdadeiramente ir até o excesso.

1. O Pai não tem senão um Filho, Unigênito, seu Verbo Eterno, igual a si próprio, que ama como a si próprio, e de quem é infinitamente amado. Ora, esse Filho único, dá-o, sacrifica-o por nós, para restituir-nos a vida que, pelo pecado, tínhamos perdido. Isto nos dá pelo menos uma idéia do grande amor que Deus nos tem:

"Deus tanto amou o mundo, que deu seu Filho único, para que todo o que nele crê, não pereça, mas tenha a vida eterna" **(Jo 3,16)** .

Já era um máximo de generosidade, de entrega, de sacrifício — para usar nossas pobres palavras humanas. Podia o Pai ser mais generoso, dar mais que seu Filho? Pois dar seu Filho não satisfez o seu amor por nós, e deu-nos mais ainda:

"Se não poupou seu próprio Filho, mas o entregou por todos nós, como não nos terá dado também com ele todas as coisas?" **(Rm 8,32)**.

Diante desse amor infinito do Pai, não podemos pensar pequeno; não podemos ser mesquinhos, diminuir nossa dignidade, nossa importância para Deus. Bastariam estas duas passagens para mergulhar-nos em profunda contemplação, mer-gulhar-nos no oceano do amor infinitamente generoso do nosso Pai celestial.

Um aforisma diz: *quem dá o mais, dá o menos*. Se dou o máximo, tudo o que é menor está incluído nessa doação. Se o Pai tudo nos deu de mais precioso para ele, quanto mais não nos terá dado tudo o mais?

2. E quanto ao Filho? O Filho aceita a vontade do Pai, vive da vontade do Pai. A vontade do Pai é tudo para ele. O Pai é tudo para ele. O que o Pai quer, o Filho aceita imediatamente, alegremente, jubilosamente, generosamente. Uma missão lhe é confiada? Será cumprida. Um sacrifício de expiação é necessário? Ele se oferece ao Pai para isto.

No Antigo Testamento vemos a figura do bode expiatório, que era carregado com o pecado do povo e mandado para o deserto. É uma prefiguração do Filho de Deus, que, já no instante da Encarnação, vem como *VÍTIMA*, para substituir todos os sacrifícios da antiga Lei. Aceita ser o "bode expiatório", aquele que carrega todos os pecados do povo e é levado para morrer na solidão, fora dos muros da cidade:

> *"Eis porque, ao entrar no mundo, Cristo diz: Não quiseste sacrifício nem oblação, mas me formaste um corpo. Holocaustos (sacrifícios pelo pecado) não te agradam. Então eu disse: Eis que venho (porque é de mim que está escrito no rolo do livro), venho, ó Deus, para fazer a tua vontade".* **(Hb 10,5-7, citando o Salmo 39,7ss)**.

Assim tendo-se oferecido, toda a sua vida não será mais que um longo sacrifício, completado pela imolação do Calvário, sacrifício completado fora dos muros da cidade, na solidão, inspirado pelo amor que nos tem. Em **Romanos 8,32**, lemos:

> "Cristo nos amou e se entregou por nós com uma oblação e hóstia a Deus, em odor de suavidade".

3. Para completar a sua obra, é-nos enviado o Espírito Santo, o amor substancial do Pai e do Filho, que, não contente de derramar em nossas almas a graça e as virtudes infusas, sobretudo a caridade, o amor divino, fazendo-nos participantes da natureza divina, dá-se ele mesmo a nós, para podermos gozar não somente da sua presença e dos seus dons, mas também da sua Pessoa:

> "O amor de Deus foi difundido em nossos corações pelo Espírito Santo que nos foi dado" **(Rm 5,5).**

O Espírito Santo nos foi dado. Ele habita em nós e opera em nós. Toda essa obra da Redenção é, pois, obra do amor por excelência. E como obra do amor de Deus em nós, vamos ver quais são os seus efeitos, os efeitos do amor de Deus em nós.

ORAÇÃO: *Senhor, nós vos louvamos, nós vos bendizemos pela obra infinita de vosso amor em nós, por toda essa nova criação que fazeis em nós, redimindo-nos do pecado e da morte e das obras do Diabo para fazer de nós um Reino.*

Nós vos louvamos e bendizemos, porque logo ireis entregar esse Reino ao Pai. E vos pedimos, Senhor, que venhais completar a vossa obra em cada um de nós e em todo o vosso povo. Vede todos os nossos sofrimentos e todas as investidas do antigo Inimigo, Satanás, e vinde livrar o vosso povo, Senhor, que redimistes na vossa Cruz.

Muito obrigado, Jesus!
Glória a vós, Senhor!
Amém.

Capítulo 5

Os efeitos da Redenção

Pai Santo, vós sois nosso Pai, porque assim quereis ser. Vós nos chamastes a ser vossos filhos, vós nos criastes para isto, e quereis ter-nos convosco para todo o sempre, juntos com o vosso Filho Bem-amado, Jesus. Assim, pedimos que derrameis em nossos corações vosso Espírito de filiação, e que ele possa romper os nossos preconceitos contra vós, as nossas desconfianças, os nossos medos de ter-vos por nosso Pai. Que ele possa dar-nos essa confiança filial que quereis que tenhamos para entregar-nos totalmente aos vossos cuidados.

Muito obrigado, Pai.
Glória a vós, Senhor.
Amém.

Estivemos vendo o que Deus fez para prosseguir no seu plano de amor, com relação a todos nós, depois de nossos primeiros pais terem escolhido desobedecer a Deus, e, assim, perder todas as coisas bonitas, maravilhosas que Deus lhes tinha dado, esse estado a que Deus os tinha elevado por sua graça.

Vimos que Deus não se deixou abalar, porque ele é soberano, é nosso Deus, e de todas os males pode tirar um bem. De fato, a Escritura nos diz que:

"todas as coisas concorrem para o bem daqueles que amam a Deus" **(Rm 8,28)**.

Vimos, ainda, que, no prosseguimento de seu plano, Deus nos dá um Redentor em Cristo Jesus, e, quando chega a plenitude dos tempos, envia seu Filho Bem-amado para assumir nossa natureza. Assim a Igreja canta na Páscoa que aquele pecado de Adão acaba sendo uma feliz culpa, não por ser pecado, mas por nos ter valido um Redentor do quilate do Filho de Deus.

Vimos, ainda, que, nessa obra de Redenção, é a Santíssima Trindade toda que se empenha, com todo amor. Esse amor total nos mostra, por si só, a importância que temos para Deus, e a nossa dignidade. É toda a Santíssima Trindade que se debruça sobre nós para elevar-nos até ela, para nos fazer santos e imaculados diante dela e fazer-nos pertencer à sua família, conforme nos é dito na Epístola aos Efésios.

Agora continuamos, para ver os efeitos dessa Redenção de amor, operada por nosso Deus em nosso favor, superabundantemente. De fato, não contente de reparar, pela sua satisfação, a ofensa feita a Deus, e de restaurar nossa amizade com Deus, reconciliando-nos com ele, Jesus *merece*, ainda, para todos nós, todas as graças que tínhamos perdido pelo pecado, acrescentando outras ainda, de forma que o nosso estado hoje, em Cristo Jesus, *é muitíssimo superior* ao estado de Adão no Paraíso.

Restitui-nos, em primeiro lugar, os bens sobrenaturais perdidos pelo pecado:

a) *a graça habitual*, com o seu cortejo de virtudes infusas e dons do Espírito Santo. As virtudes infusas são virtudes que nos são dadas, infundidas em nós no momento em que somos mergulhados na morte e na ressurreição de Jesus pelo batismo.

Também, para melhor vivermos em graça, institui *os sacramentos*, sinais sensíveis (que podemos apreender pelos sentidos: vemos, tocamos, ouvimos) que nos conferem a graça em todas as circunstâncias importantes da vida, e nos dão, assim, mais segurança e confiança. Os sacramentos são-nos dados justamente, porque o Senhor conhece a nossa natureza — pois foi ele quem nos criou —, e sabe que tropeçamos a cada passo. Eles nos restauram na plenitude do Espírito Santo.

b) *graças atuais* abundantíssimas, que temos direito de crer sejam até mais abundantes que no estado de inocência, em virtude da palavra de São Paulo:

"Onde abundou o pecado, superabundou a graça" (**Rm 5,20**).

A *graça habitual* existe em nós de maneira habitual, como que fazendo parte de nosso ser. As *graças atuais* são um concurso momentâneo do Espírito Santo para que possamos entender alguma coisa, praticar um ato, dizer uma palavra etc.

Conhecemos muito isto na Renovação Carismática: a palavra de conhecimento é uma graça atual que nos é dada, em determinado momento e para determinada finalidade, para conhecermos um fato que aconteceu ou está acontecendo. É uma graça que vem, produz seu efeito e vai.

São muito importantes as graças atuais. Numa comparação grosseira, são como que o impulso da corrente elétrica que é ligada para produzir um efeito; ou como o impulso da vontade que faz os músculos se moverem. No Reino, onde estamos, as graças atuais são abundantíssimas, porque é mediante elas que, somos capacitados para fazer a obra de

Deus. Para tudo o que deseja de nós, Deus nos dá a graça atual necessária, e só somos capazes de fazê-lo impulsionados pela graça atual.

c) Quanto ao *dom de integridade*, não nos é restituído propriamente. Temos uma *integridade relativa*. Pelo fato de estarmos em Cristo Jesus, nossa vida de cada dia não deixa de continuar. As circunstâncias externas continuam. Estamos no meio de um mundo dominado pelo Maligno, em que encontramos mal e violência a cada passo, e a cada passo nos defrontamos com o impacto do mundo exterior sobre nós, e a nossa reação interior diante dele.

A graça da regeneração não nos retira desse ambiente de aliciamento para o mal, para o pecado, não nos exime da luta contra a tríplice concupiscência e todas as misérias da vida, mas dá-nos a força necessária para vencer tudo isso, faz-nos mais humildes, vigilantes e ativos para prevenir e vencer as tentações; fortalece-nos assim na virtude e, ajudando-nos a responder aos chamados do amor de Deus, dá-nos oportunidade de alcançar maiores merecimentos. Jesus, em sua oração sacerdotal no **Evangelho de São João** (17,15), pede ao Pai *"que não nos retire do mundo, mas que nos guarde do mal"*. Não somos retirados do mundo, mas o poder e o amor de Deus em nós, resguarda-nos do mal.

Temos que aprender a usar os dons de Deus, a usar o poder de Deus em nós. Como Jesus usou. Assim, os *exemplos* de Jesus, que levou a sua cruz e a nossa com firmeza e confiança, nos estimulam e sustentam. Então, no meio de todas as solicitações e misérias desta vida, escolhemos estar ali, responder a esse ambiente pelo dom, pelo poder de Deus em nós, por essa força de regeneração que está em nós. E é na medida em que vamos aprendendo a aplicá-la em nossas vidas, que vamos ganhando integridade. Ela já é nossa, mas temos de conquistá-la.

Esse dom, essas graças, essa força de regeneração que ele nos mereceu e nos concede com tanta prodigalidade, facilitam-nos de modo especial os esforços e a vitória. Essa luta nos faz mais humildes, porque vamos percebendo, aos poucos, que dependemos, em tudo, de Deus. E vamos percebendo, aos poucos, que precisamos dos irmãos, o que é o contrário do orgulho. O orgulho tende a prescindir de Deus, não quer saber de Deus, e tende a dominar os irmãos, a não amá-los, mas a fazer deles nossos servidores, objetos para a satisfação de nosso orgulho.

À medida que vamos aprendendo a depender em tudo de Deus, vamos nos tornando mais humildes — porque o orgulho é auto-suficiente, acha que não precisa de ninguém. À medida que constatamos que, realmente, somos pó da terra sem essas graças todas, sem essa passagem do estado de filhos de homens para o estado de filhos de Deus, sabendo que tudo isso é gratuito, é tudo ação de Deus em nós, e que não temos nenhum merecimento, tornamo-nos mais vigilantes.

Jesus disse: *"Vigiai e orai para que não entreis em tentação"* **(Mt 26,41)**. A vigilância é necessária, e agimos de maneira vigilante quando sabemos que, realmente, não podemos resistir ao inimigo por nossas forças. A oração é necessária porque é ela que nos liga a Deus, nos faz estar continuamente com Deus, conversando com Deus, na presença de Deus, expondo tudo a Deus, para que ele tome conta. Assim nos tornamos mais humildes, mais vigilantes, e também mais ativos.

Muitos dizem que as pessoas que oram, especialmente na Renovação Carismática, ficam esperando tudo de Deus. Como tudo é graça de Deus, então seria só cruzar os braços e deitar na cama, e deixar Deus fazer tudo... Dizem: "Ficam lá, no grupo de oração, rezando, batendo palmas, cantando; quero ver se Deus vai fazer isso por eles, ou no lugar deles!" O fato é que realmente vivemos nas mãos de Deus, e Deus cuida de nós porque é fiel às suas promessas. Só que ele cuida de nós através de nós; ele não cuida de nós sem nós, mas através de nós e de nossos irmãos.

Essas graças todas nos colocam em consonância com a vontade de Deus, com o plano de Deus, e, através de nós, Deus realiza esse plano. Realizar é fazer. Então a realização do plano de Deus através de nós não nos deixa nunca passivos. Ao contrário, temos que estar atentos, vigilantes, temos que estar ativos para perceber, para sentir, para entender e para executar. Temos que estar ativos sempre. Por isso Jesus disse:

> *"Que os vossos corações não se tornem pesados com o excesso do comer, com o muito beber e com as preocupações da vida"* **(Lc 21,34).**

Por que? Porque então ficamos sonolentos e não estaremos vigilantes, *"de pé, quando vier o Filho do Homem"* **(21,36).**

Temos que estar vigilantes, ativos, continuamente atentos, mergulhados na graça, que nos faz ativos para prevenir. Se estamos passivos, não prevenimos nada. Para prevenir e vencer todas as solicitações do mal em torno de nós, a graça nos fortalece, nos dá força. Em latim o nome dessa força é "virtus" — virtude. Se a graça nos fortalece, ela nos faz crescer na virtude, isto é, na força de Deus, em nossa força interior, dando-nos, então, oportunidade de conhecer mais, de crescer mais na integridade. Assim, este dom de integridade nos é dado, mas temos que crescer nele, que conquistá-lo.

É como a conquista da Terra Santa, onde corre leite e mel. Deus diz a Josué:

> *"Eu lhes dou essa terra toda que você está vendo além do Jordão. Todo lugar que pisar a planta de seus pés, eu lhes dou"* **(Js 1,3).**

Então são duas coisas: o plano de Deus — Ele já deu aquela terra — e a execução do plano, em que o povo de Deus precisa tomar posse da terra, calcando-a aos pés, passo a passo, enfrentando perigos e adversidades. Por isso, quando as pessoas dizem que nós só cantamos e batemos palmas, esperando que Deus faça tudo, mostram que não conhecem, pela Sagrada Escritura, como Deus nos educa, como nos faz crescer e nos fortalece.

É como um pai ou uma mãe que ensina seu filhinho, sua filhinha a andar. A criança precisa aprender a usar os músculos, e, na medida em que os exerce, eles vão se fortalecendo e tornando aptos às várias atividades que devem desempenhar. Assim faz nosso Deus: dá-nos o dom de integridade e ensina-nos a usá-lo, com o que nele vamos crescendo.

Para isto, temos não só o poder de Jesus, mas também o seu exemplo. Olhando a vida de Jesus, aprendemos como é que age o Filho de Deus, e como devemos agir, como filhos de Deus que somos. Temos o exemplo de Jesus, que levou sua cruz, e a nossa, com confiança, com firmeza, com certeza, e aprendemos dele. Tudo o que recebemos nos vem pelos merecimentos da morte de Jesus, de sua Ressurreição. São Pedro nos diz, em sua **Segunda Epístola**, que *"o poder divino deu-nos tudo o que é necessário à vida e piedade"* **(1,3)**.

Na medida em que vamos pondo em prática os ensinamentos de Jesus, na medida em que lutamos, sob a direção e o apoio de Jesus, a concupiscência vai diminuindo e nossas forças aumentando, até que possamos não cometer falta alguma de propósito deliberado.

d) A estes *auxílios interiores* acrescentou Nosso Senhor outros, *exteriores*, em particular a *Igreja visível*, que fundou e organizou, para nos iluminar com sua doutrina, sustentar nossas vontades com suas leis, santificar-nos com os sacramentos, sacramentais e todo o seu tesouro.

Temos, também, um mediador, que fica entre nós e Deus, a interceder por nós. A Igreja canta, na Páscoa, que o pecado original foi uma feliz culpa, porque nos ganhou um Redentor como Jesus. De fato, agora, em lugar de Adão, um chefe bem dotado, mas falível e pecável, temos por cabeça o próprio Filho eterno de Deus, que, revestido de nossa natureza, é homem tão verdadeiro como é verdadeiro Deus. É o mediador ideal, *mediador de Redenção*, que adora o Pai não somente em seu nome, senão também em nome da humanidade inteira e em nome dos Anjos que por ele têm a felicidade de louvar a Deus. É o *sacerdote perfeito*, que tem livre acesso ao trono de Deus pela sua natureza divina, e se inclina, cheio de compaixão, para os homens seus irmãos, de quem nada desconhece, pois viveu como um de nós, exceto o pecado. Rodeado, como está, de nossa fraqueza, compreendendo-nos, empenha-se por nós porque nos ama, e, assim, pode tratar-nos com indulgência **(cf. Hb 5,2)**.

Com ele e por ele, podemos prestar a Deus as honras infinitas que merece; com ele e por ele, podemos alcançar todas as graças de que precisamos para nós e para nossos irmãos. Quando adoramos, é ele quem adora em nós e por nós; quando pedimos socorro, é ele quem apóia as nossas súplicas; por isso é que, tudo quanto pedimos ao Pai em seu nome nos é concedido com toda liberalidade. Esta é uma revelação que nos fez:

"Tudo quanto pedirdes ao Pai em meu nome, ele vos concederá" **(Jo 15,16)**.

Não podemos, pois, conhecendo todas estas coisas, duvidar de Deus, duvidar de seu amor, duvidar que Deus nos queira dar tudo aquilo de que necessitamos. Não podemos duvidar que ele nos queira encher de todas as graças e bênçãos e dons para o nosso bem. Temos, então, que crescer nessa convicção, nesta confiança em nosso Deus.

Resumindo: Vimos, de um lado, a maravilha que é essa vida sobrenatural a que somos chamados por Deus; e, de outro lado, reconhecemos a nossa fraqueza, mas, ao mesmo tempo, a nossa grandeza. Fraqueza, porque somos feitos de barro e temos em nós as seqüelas do pecado original; grandeza, porque Deus nos eleva a seu nível e nos reveste de uma participação de sua natureza, transformando-nos em seus filhos.

Essa redenção é maravilhosa porque, em primeiro lugar, vem de um pensamento amoroso de Deus, que, desde toda a eternidade, antes do pecado de Adão, antes de os anjos mesmo terem sido criados, nos amou e quis unir-nos a ele numa intimidade muito grande, dando-nos participar de sua própria vida. Esse estado de Redenção é tão precioso para Deus — tão precioso — que ele não hesita em dar o seu Filho Único para restaurá-lo, e seu Espírito Santo para torná-lo uma realidade em cada um de nós.

É de ficar-se no ar, sem fôlego, ao ver-se a importância que temos para Deus. Mas tudo isto trazemos em vasos de barro. Os nossos primeiros pais tinham o dom de integridade, eram cercados de muitos privilégios, e, no entanto, os perderam, para si e para sua posteridade. Temos, pois, também este exemplo para advertir-nos, porque, embora tenhamos recebido a regeneração espiritual, ainda estamos neste mundo, sujeitos às coisas deste mundo, à sensualidade, à sedução das aparências, ao orgulho da posse dos bens, que são os motivos que guiam o mundo.

Tudo o que há no mundo, diz São João em sua **Primeira Epístola:** *"a concupiscência da carne, a concupiscência dos olhos, o orgulho da vida, não vem do Pai"* **(2,16)**, mas no meio disso é que vamos conquistando a nossa integridade, mediante a graça e o poder de Deus. Temos em nós tendências nobres, generosas, que vêm do bem que existe em nós. Nossa incorporação em Cristo e as forças sobrenaturais que nos são dadas em virtude dos merecimentos de Cristo, nos fazem fortes em Jesus. Não podemos deixar de apoiar-nos nele, de olhar para ele, que é nosso tudo.

Jesus é a nossa cabeça, o segredo de nossa força. Como São Pedro, vamos a Jesus por cima das águas, mas é preciso ter nossos olhos em Jesus. O maior mal que nos pode atingir é o pecado. Podem nos destruir, podem nos tirar a vida, nada disso nos faz mal. O mal real é o pecado. Por isso temos de estar vigilantes para repelir os assaltos do inimigo, quer venham de fora quer venham do interior mediante sugestões e tentações. Para isso temos armas que o Senhor nos dá, como veremos a seguir.

Senhor, nós vos louvamos e bendizemos, porque sois nosso Deus e cuidais de nós. Nós nos entregamos ao vosso cuidado, para que este dia transcorra na vossa presença e na vossa graça, e possamos crescer sempre em vós, no vosso amor e no amor dos irmãos, conforme quereis.

Muito obrigado, Senhor.
Glória a vós, Senhor.
Amém.

Capítulo 6

A vida sobrenatural

Senhor, nós vos louvamos e bendizemos, porque sois nosso Deus, porque sois aquele que nos ama. Vós nos criastes para vós, e nos quereis junto de vós para todo o sempre, como vossa família, como vossos filhos, e tudo fazeis e nos dais para que vosso plano de amor se realize para cada um de nós, e nenhum de nós se perca. Só vós sabeis toda a amplitude de vosso plano de amor e todas as maravilhas que realizais em cada um, para que seja esse filho e essa filha bem-amados que quereis ter junto de vosso coração para todo o sempre.

Assim vos louvamos e bendizemos, e vos glorificamos por tudo o que sois e por tudo o que fazeis, e vos pedimos que de fato realizeis em cada um de nós, em todos nós, o vosso plano de amor, concebido por vós desde todo o sempre. Iluminai-nos, para que possamos compreender o que quereis que compreendamos. Vosso Espírito Santo esteja em nós, para que realize em nós a vossa obra.

Muito obrigado, Senhor.
Amém.

Demos uma olhada neste plano de Deus de criar o homem e elevá-lo a um estado sobrenatural, e vimos que o homem não perseverou nesse estado, decaindo dele, com conseqüências más para toda a sua descendência; o plano de Deus, entretanto, prosseguiu na história até que, finalmente, o Filho de Deus, o Verbo Eterno de Deus assume nossa natureza no seio da Virgem Maria, para reparar a ofensa feita pelo homem a Deus e reconciliar-nos com o Pai, abrindo-nos as portas do céu, tendo-nos libertado do Diabo, do pecado e da morte. Com isto, tornou possível nossa transformação interior pelo Espírito Santo que nos foi dado por virtude da morte de Jesus na cruz. Resgatado e reconciliado o homem com Deus e Deus com o homem, o Espírito Santo nos é dado para prosseguir em nós o plano de Deus, fazendo de nós filhos de Deus.

Esta vida, então, que se passa depois da Redenção iniciada por Jesus na cruz, cujos efeitos vão ser sentidos por todos os homens, de geração em geração; essa vida que nos é dada pelo Espírito Santo, que é a própria vida de Deus, é nossa vida sobrenatural.

A **vida sobrenatural** assim é chamada porque está acima de nossa natureza. Ela não é a vida natural. A vida natural, nós a recebemos de nossos pais, quando nascemos aqui na terra. Mas, além dessa vida natural, quando somos mergulhados na morte e na ressurreição de Jesus pelo batismo, recebemos do Espírito Santo, e com ele, uma outra vida, que é a própria vida de Deus em nós, e que está, portanto, totalmente acima de nossa natureza humana.

A vida sobrenatural, por ser participação da vida de Deus, da vida divina, em virtude dos merecimentos de nosso Senhor, define-se como sendo a vida de Deus em nós ou a vida de Jesus em nós, vida de ressuscitados em Cristo Jesus ressuscitado, a vida de ressurreição que nos é dada. Ela é realmente isto; são expressões exatas. Mas convém lembrar sempre que não temos uma vida idêntica à de Deus ou à de

Jesus, pois somos criaturas. Quando Deus nos dá participar de sua natureza, ele nos dá participar dela à nossa maneira de criaturas, feitas à imagem e semelhança de Deus, como diz o **Gênesis**. Essa participação é finita, se bem que muito real.

A vida sobrenatural poderia ser, então, definida como uma participação da vida divina, conferida pelo Espírito Santo que habita em nós, em virtude dos méritos de Jesus Cristo, a qual devemos cultivar contra as tendências opostas, no meio de um mundo hostil a essa vida, hostil a Deus, e, portanto, hostil aos filhos de Deus.

É como Jesus disse: que ele não era deste mundo, que tinha vindo do alto e que, portanto, aqueles que são do mundo não o aceitavam. E, em sua oração ao Pai, diz:

"*Pai, eles não são do mundo, como também eu não sou do mundo*" (**Jo 17,14**).

Isto é, nós, que nascemos de novo do Espírito Santo, não somos do mundo, da mesma maneira como Jesus não é do mundo. **A nossa cidadania é do céu.** Não somos mais cidadãos deste mundo. Por isso São Paulo diz, em **Romanos 8**, que **não somos mais obrigados a viver mais segundo a carne, segundo os imperativos da natureza humana**, porque, se vivermos assim, morreremos. Mas se mortificamos, destruímos esses imperativos, pelo Espírito Santo que nos foi dado, viveremos. É esta a nossa condição: ser filhos de Deus, ter a vida de Deus em nós, no meio de um mundo hostil.

E aqui já vemos uma coisa muito importante: a vida sobrenatural é uma vida em que **Deus tem a parte principal** e nós, **a secundária:** porque é a vida dele em nós. Não é a nossa vida nele, na qual teríamos a parte principal. Não. É a vida dele em nós; portanto, ele tem a parte principal. É como João Batista dizia: "*importa que ele cresça e eu diminua*" (Jo 3,30). ele tem a parte principal — Deus. Nós, a secundária. Então é preciso que possamos dizer com São Paulo:

"*Eu vivo, mas já não sou eu, é Cristo que vive em mim*" (**Gl 2,20**).

Porque a parte de Deus é a principal; nossa vida humana é secundária, e pouco valor tem para a vida eterna. Não podemos, pois, estar dando valores excessivos às coisas humanas, às exigências da natureza humana, especialmente no que diz respeito àquelas concupiscências que já vimos, e de que São João fala.

É Deus, a Santíssima Trindade, pelo Espírito Santo, que vem **em pessoa** conferir-nos essa vida, pois só ele pode tornar-nos co-participantes dela. Só ele pode abrir a sua vida, para que dela participemos. ele no-la comunica, pois, pessoalmente, em virtude dos merecimentos de Jesus Cristo, que é a **causa meritória, exemplar e vital** da nossa santificação. Jesus tudo mereceu para nós. Tudo, tudo, tudo, tudo... A própria concepção imaculada, a imaculada conceição de Maria, deu-se **em virtude dos merecimentos de Cristo**. Em vista de tudo o que ia se passar, ela foi preservada do pecado original, em **previsão** dos merecimentos que Jesus alcançaria por sua vida, paixão e morte na cruz. Tudo devemos aos merecimentos de Jesus. Ele é, pois, a **causa meritória**, isto é a causa que merece para nós tudo o que respeita à nossa vida com Deus, à nossa santificação.

Ele também é a **causa exemplar** da nossa santificação. O que quer isto dizer? Quer dizer que ele é colocado como exemplo para a nossa santificação. E devemos, em tudo, seguir Jesus, porque ele é a causa exemplar. Além disto, ele é a **causa vital** da nossa santificação. Por que causa vital? Porque é ele que nos transmite essa vida sobrenatural. Assim, realmente, tudo devemos a Jesus.

De novo, então: Deus realmente **vive em nós**; Jesus **vive em nós**. Mas a nossa vida espiritual, a nossa vida sobrenatural não é **idêntica** à de Deus ou à de Jesus: é distinta delas; é apenas **semelhante** a uma e outra, porque participação delas.

A nossa vida sobrenatural consiste em utilizar os dons divinos, para vivermos em Deus e para Deus, para vivermos em união com Jesus, imitando-o; e, como a tríplice concupiscência, com seus desejos desordenados, persiste em nós, só podemos viver essa vida em Deus, combatendo a todo instante esses desejos. Às vezes, eles se fazem muito fortes, mas, se permanecemos firmes em Jesus, sem atendê-los, vão perdendo força.

E aqui é bom saber que todo hábito, todo costume de se fazer alguma coisa, começa com a primeira vez que se a faz. Quando cometemos um pecado, por exemplo, abrimos uma brecha, pela qual ficamos vulneráveis. E se persistimos em praticar esse mesmo pecado, isso vai se tornando um hábito, um costume, e, mais tarde, uma **exigência** de nossa natureza humana. Por isso São Paulo disse para não satisfazermos essas exigências de nossa natureza, mas **pelo poder do Espírito Santo**, irmos mortificando essas exigências, dominando-as.

Como podemos fazer com que morram os nossos maus hábitos? Deixando de praticá-los. Vem a solicitação dos sentidos, não se a atende. Vem uma solicitação mais forte, não se a atende. Sua intensidade vai diminuindo na medida em que não se atende à solicitação pecaminosa. Assim, aos poucos, o hábito mau vai perdendo força, até não ser mais significativo na nossa vida.

Vivemos, pois, essa vida de Deus em nós, no poder do Espírito Santo, mas temos de lutar contra a nossa desordem interna e também contra a desordem externa.

Agora, é preciso saber que Deus, quando nos recria, nos regenera, para usar a palavra da Escritura. Nossos pais na terra, ao nos gerarem, nos transmitem, nos formam um organismo característico da natureza humana. Da mesma forma, quando nascemos do Espírito Santo, também nosso Deus nos forma um organismo—um organismo sobrenatural. E como nós, nascidos de nossos pais, crescemos e fazemos exercícios com nossos músculos, e exercitamos todo o nosso corpo até que tenhamos facilidade de usá-lo plenamente, assim também temos que fazer com o nosso organismo sobrenatural: temos de usá-lo, temos de exercer os dons, as virtudes, para crescermos sobrenaturalmente.

Como nosso corpo humano precisa de alimento para crescer, também o nosso organismo sobrenatural precisa de alimento: a Eucaristia e os mais Sacramentos, que para isto nos foram dados, para restaurarem em nós a vida espiritual, a vida sobrenatural. E assim, exercitando nosso organismo sobrenatural — e o fazemos exercendo os dons e as virtudes — vamos praticando atos que são feitos em nível de vida eterna e têm efeito de vida eterna. A *Epístola aos Hebreus* (6,5) diz que são *os poderes do mundo que vem*: atos realizados sob a inspiração e no poder do Espírito Santo.

Esses atos nos dão merecimento — não que mereçamos como seres humanos apenas, mas como filhos de Deus, que têm em si a vida de Deus vivida sob a ação do Espírito Santo, e com ela colaboram plenamente. Recebemos, assim, o poder de intercessão, o poder de modificar situações, o poder de transportar montanhas, de efetuar curas, etc., tudo merecido pela nossa fidelidade em obedecer ao Espírito Santo que nos guia. Desta maneira, a ação de Deus e a ação do homem na vida cristã, na vida sobrenatural que Cristo Jesus nos mereceu, se desenvolvem conjuntamente.

É como um giz que está em minha mão. Se o movo no quadro–negro, sou eu quem o move, mas ele também faz os traços. Eu impulsiono o giz, ele traça as linhas. Assim também, a ação de Deus no mundo é feita através de nós, isto é, somos nós que fazemos a ação, mas é Deus que no-la inspira e nos dá o poder de realizá-la. Aquele giz não tem poder, em si mesmo, de sair da mesa e ir ao quadro traçar linhas, mas é tomado lá, posto aqui e se lhe dá a direção e a força de traçar a linha, e ele o faz.

Se vocês se lembram, Filipe recebe a ordem do Senhor de ir à estrada que desce de Jerusalém a Gaza. Ele obedece e vai; encontra o eunuco etíope que lê Isaías e o evangeliza.

Depois de batizá-lo, ao subirem da água, o Espírito do Senhor arrebata Filipe, que encontrou-se em Azoto. A inspiração que viera de Deus não encontrou em Filipe resistência; ao contrário, ele foi todo obediência e docilidade, pelo que pode fazer tudo isso no poder de Deus.

Portanto, Deus nos inspira e nos dá o poder; nós fazemos a obra, mediante nossa obediência e docilidade. Se não obedecemos, o etíope não é evangelizado, o traço não é feito no quadro: a inspiração de Deus chega até nós e morre. Por que? Porque deixamos de exercer o poder que Deus nos dá para a obra. Muitas vezes, na Renovação Carismática, as pessoas recebem palavras de conhecimento, palavras de sabedoria ou o dom da fé, ou o dom de curas; vem o impulso do Senhor, o poder do Espírito Santo, mas a pessoa se fecha, entristece o Espírito Santo, e aquela profecia, que seria para o grupo, não é dita; aquele louvor em línguas não sai; aquela oração de curas não vem; a palavra de conhecimento morre, a palavra de sabedoria, que nos esclareceria, não nos chega. E tudo por que? Porque faltou a colaboração do homem.

Então, tudo depende de Deus, mas também tudo depende de nós. A ação de Deus e a ação do homem concorrem — correm juntas. Interpenetram-se. Deus não quer agir sem o homem. Ele quer fazer alguma coisa através de você, e é através de você que ele quer fazer. Se você se recusa, aquela obra que deveria ser feita através de você não sai. Diz a **Epístola aos Efésios (2,10)**:

"Pois somos criaturas dele, criados em Cristo Jesus para as boas obras que Deus já antes tinha preparado para que nelas andássemos".

Cada um de nós é a pessoa mais adequada para as obras que Deus quer realizar através de cada qual. O giz foi feito para riscar o quadro–negro, e o faz com perfeição. Assim, temos que estar atentos, contentes e ativos, sabendo que não vivemos separados de Deus. Você não vive uma vida sobrenatural apenas sua: se você vive a vida no Espírito é porque você está em Deus e a recebe de Deus. Deus é a parte principal.

Nossa vida sobrenatural é Deus a viver em nós, e nós mergulhados nessa·vida dele em nós, sendo ele a parte principal. É preciso, pois, que estejamos sempre — e cada vez mais — abertos à ação e ao poder de Deus, para que em nós e através de nós ele realize as suas maravilhas no meio deste mundo de trevas.

Portanto, a ação de Deus e a do homem se desenvolvem paralelamente na vida cristã. Para entender melhor, vamos ver *qual a parte de Deus* e *qual a parte do homem*. É que Deus opera em nós, e nós operamos, agimos e vivemos para Deus. É para Deus que devemos viver e agir.

A Igreja nos ensina muita coisa através da Santa Liturgia, e se prestássemos atenção ao que ela diz, por exemplo, na Santa Missa, aprenderíamos muito. Assim, no **Prefácio** da 4ª Oração Eucarística, o sacerdote reza: "E, a fim de não mais vivermos para nós, mas para ele, que por nós morreu e ressuscitou, enviou de vós, ó Pai, o Espírito Santo, como primeiro dom aos vossos fiéis, para santificar todas as coisas, levando à plenitude a sua obra." Recebemos, pois, o Espírito Santo a fim de não mais vivermos para nós, mas para Jesus.

Então:

A. Deus opera em nós

1. Por si mesmo — habitando em nós e dotando-nos dum organismo sobrenatural. De onde a devoção à Santíssima Trindade.

2. Pelo Verbo Encarnado, Jesus Cristo, que é, de maneira principal, causa meritória (é ele quem merece para nós), causa exemplar (é ele quem nos dá o exemplo) e causa (vital) de nossa vida sobrenatural, através do dom e da ação do Espírito Santo. Este é o fundamento de nossa devoção ao Verbo Encarnado.

3. **Pela Virgem Maria.** Por que? Porque ela também é, embora de maneira subordinada, secundariamente, causa meritória — nos mereceu muita coisa e nos merece ainda pela sua intercessão no céu; é causa exemplar, pois nos motiva como exemplo; e é causa distribuidora de graças para nossas vidas.

Isto justifica nossa devoção à Virgem Maria, nossa Mãe celestial.

4. **Pelos Santos e Anjos,** porque nos são propostos como modelos daquilo que Deus quer realizar em nós, e que neles já está feito. São, portanto, imagens vivas de Deus. Aquela imagem e semelhança de Deus que o Espírito Santo está realizando em nós, neles já está completa. Eles são nossos intercessores. A Santa Liturgia nos mostra, em toda Missa dos Santos, que nós nos dirigimos ao Pai, pedindo que, pela intercessão do Santo cuja festa celebramos, nos sejam dadas tais e tais graças.

Assim, como imagens vivas de Deus, devemos venerá-los; como nossos intercessores, invocá-los; como nossos modelos, imitá-los.

B. Devemos viver e agir para Deus. De que maneira?

1. **Lutando contra aquilo que, em nós, impede a plena manifestação de Deus.** Lutamos, pois, contra a concupiscência, isto é, o desejo desordenado; contra o mundo — o mundo é toda uma mentalidade, uma maneira de ver as coisas e de viver longe de Deus; e contra o Diabo e todos os seus demônios.

2. **Santificando as nossas ações,** dando-lhes um valor de vida eterna, pois em todas as condições, temos meios para agir em plano sobrenatural, no poder do Espírito Santo.

3. **Recebendo os sacramentos,** que são nosso alimento no caminho. Neles recebemos uma graça sacramental, própria de cada sacramento, e uma graça especial, ligada aos dois sa-

cramentos que são nossos remédios constantes: a penitência e a eucaristia.

Dado este resumo de nossa vida sobrenatural, muito esquematizado e sem nuances, vamos agora ver, em mais detalhe, a parte de Deus na vida cristã: a ação de Deus direta em nós, sua habitação em nós, o organismo sobrenatural que ele nos dá e que desconhecemos. Em geral, achamos que não temos nada de sobrenatural, mas não é assim.

No nosso organismo natural temos uma faculdade de conhecimento, que é a inteligência, que versa sobre o criado; no nosso organismo sobrenatural temos também uma faculdade de conhecimento, muito superior, porque versa sobre o Incriado: a Fé. No organismo natural temos uma faculdade volitiva, a vontade, que nos inclina para o que nos parece o bem; no organismo sobrenatural temos a caridade, isto é, o amor que é derramado em nós pelo Espírito Santo, que nos inclina seguramente para o Bem Supremo que é Deus; a esperança, com a certeza da fé vivificada pelo amor, supera infinitamente qualquer imaginação, porque se baseia na verdade das promessas de Deus. E temos ainda dons e virtudes, poderes do Espírito Santo, que ultrapassam de longe, deixam muito para trás, nossas outras capacidades, humanas, de si maravilhosas, mas que empalidecem diante da riqueza e do poder que o Espírito Santo nos confere em nosso organismo sobrenatural.

Senhor, nós vos louvamos e bendizemos pelas maravilhas que vós, continuamente, realizais em nós e através de nós. Nós vos agradecemos porque nos revelastes nossa nova dignidade — ser filhos vossos, filhos de Deus — e toda a capacitação que vós nos dais, para sermos filhos vossos, agindo no vosso poder, na vossa graça, vivendo a vossa vida aqui na terra, a fim de estender o vosso Reino entre nós.

E assim vos agradecemos e bendizemos e glorificamos, e pedimos que, como nos sustentastes durante a noite que passou, dando-nos vossas graças e bênçãos enquanto durou, também este dia decorra na vossa presença, com as vossas graças.

Muito obrigado,
Senhor!

Capítulo 7

Deus habita em nós

Senhor, nós vos louvamos e bendizemos, porque sois nosso Deus, e quereis que sejamos vossos; para isto, nos destes todas as coisas, tudo o que nos é necessário para a vida convosco. Vós nos destes um organismo espiritual, o vosso Espírito Santo, as graças, os dons, as virtudes infusas e tudo o mais, para que vos possamos ser agradáveis, e que possamos estar convosco, e ter-vos conosco, participando da vossa natureza, e, assim, sendo capazes de vos ver e de vos ouvir, e de caminhar convosco. E vos agradecemos toda essa bondade, toda essa maravilha de vosso amor com que nos adornais, para que vós possais vos comprazer em nós, e conosco.

Nós vos pedimos, que a vossa graça esteja sempre conosco, para que possamos compreender todas as coisas que quereis nos ensinar.

Muito obrigado, Senhor.
Amém.

Tínhamos visto que somos chamados a viver uma vida sobrenatural, quer dizer, acima de nossa natureza. Muita gente faz uma coisa qualquer e, depois, diz: "isto é natural". É, isto é natural, mas não é sobrenatural. Muita coisa é natural, mas não é sobrenatural. E somos chamados a viver em nível de vida sobrenatural, e não mais só no nível natural.

Quando vivemos só no nível natural, nos falta todo o resto, que é muito maior do que a nossa simples natureza. E essa vida sobrenatural é uma participação da vida divina, conferida a nós pelo Espírito Santo, que em nós habita, em virtude dos merecimentos de Jesus Cristo; vida esta que devemos cultivar, contra as tendências opostas.

Vimos que Deus tem a parte principal, e nós a parte secundária em todo este processo. Ele, realmente, vive em nós, e a nossa vida consiste em estar em união com ele, em utilizar os dons que ele nos dá para vivermos em Deus e para Deus, em união com Jesus, imitando Jesus, e vivendo a graça neste mundo sem graça. Para isto, Deus opera em nós, como vimos, de diversas maneiras: por si mesmo, pelo Verbo Eterno Encarnado — Deus-Homem, Jesus — e por essas criaturas maravilhosas que estão muito próximas dele: a Santíssima Virgem, os santos, os santos anjos.

Vejamos o primeiro ponto: como Deus opera em nós por si mesmo.

O primeiro princípio, a causa principal eficiente, que realiza a vida sobrenatural em nós é a Santíssima Trindade. Ao mesmo tempo, é a causa exemplar dessa vida sobrenatural. Podemos conhecê-la, e, conhecendo-a, conformar-nos a ela; como Jesus disse: *"Tudo o que o Pai faz, fá-lo também semelhantemente o Filho"* **(Jo 5,19)**. Ele vivia contemplando o Pai e se conformando a ele.

E a obra da graça, a vida da graça, essa vida sobrenatural, é uma obra comum da Santíssima Trindade. Mas, por ser uma obra feita como que para fora dela, é atribuída especialmente ao Espírito Santo. Vocês se lembram de que nós atribuímos coisas a Deus para nossa melhor compreensão, mas não porque nele haja qualquer divisão. Assim, atribuímos ao Espírito Santo, por ser ele o Espírito de Amor, esta obra, que é uma obra de amor.

De duas maneiras a Santíssima Trindade contribui para a nossa santificação:

a) vem habitar em nós, e

b) dá-nos um organismo sobrenatural.

Ao dar-nos um organismo sobrenatural, ela cria em nós um organismo que nos permite fazer atos semelhantes aos atos de Deus, atos deiformes. É por causa desse organismo sobrenatural que podemos agir no poder do Espírito Santo e produzir obras que são de Deus, através de nós, as quais produzem um efeito incomparavelmente superior aos atos de nossa própria natureza humana.

Vocês se lembram que São Paulo diz que:

"trazemos este tesouro em vasos de barro, para que transpareça claramente que este poder extraordinário provém de Deus e não de nós" **(2Cor 4,7)**.

Quer dizer, de nós mesmos, como natureza humana, nada podemos. Mas, todas as coisas maravilhosas que o Senhor realiza através de nós — e ele o faz — se vêem; e, vendo-as, as pessoas todas que nos conhecem, sabendo que delas somos incapazes, apesar de as obras se realizarem através de nós, glorificam a Deus: dão a ele o crédito pelas suas obras. Lembrem-se de que, depois que Jesus operava curas, libertações e perdoava os pecados, as pessoas *"glorificavam a Deus por ter dado tal poder aos homens"* **(Mt 9,8)**. Quer dizer, louvavam a Deus, davam glória a Deus. A glória vai para Deus, porque é ele que realiza, através de nós, a sua obra.

Assim, a vida cristã é uma participação da própria vida de Deus, e só Deus, portanto, pode conceder essa participação. Ele no-la concede vindo habitar em nós, dando-se inteiramente a nós, para que possamos ser capazes de atendê-lo, de amá-lo, o que não podemos fazer de nossa própria natureza. Ele nos capacita — a nossa capacitação vem de Deus — para toda boa obra que quer que façamos.

Ele vem, pois, a nós, dar-se todo a nós, para que possamos, então, fazer a sua obra, para que possamos gozar de sua presença; para que possamos deixar-nos conduzir por ele com docilidade, ele coloca em nós uma capacidade de obediência, uma capacidade obediencial a ele, que não tínhamos no estado de rebelião em que estávamos. Naquele estado, não podíamos obedecer-lhe, mas Jesus — vocês se lembram —

"fez-se obediente até a morte, e morte de cruz!" **(Fl 2,8).**

"Com seus sofrimentos, com muitos clamores e lágrimas, Ele aprendeu a obediência, e, tendo-se feito nela perfeito, tornou-se causa de salvação eterna para todos os que lhe obedecem" **(Hb 8-9).**

Jesus, então, restaurou no homem a capacidade de obedecer a Deus, perdida desde a rebeldia, desde a desobediência de Adão. Todos nós herdamos essa desobediência, e, na Sagrada Escritura, de quando em quando o Senhor diz que somos uma geração rebelde, gente de cerviz dura, de nucas que não se dobram: não abaixamos a cabeça para obedecer. Depois de Jesus, porém, essa capacidade obediencial foi restaurada, e nos é dada pelo Espírito Santo em nosso batismo.

Nós, os batizados, temos essa capacidade de deixar-nos conduzir por ele com docilidade, a fim de que as virtudes de Jesus, os pensamentos de Jesus, os sentimentos de Jesus, se reproduzam em nós.

A obra do Espírito Santo em nós é fazer-nos semelhantes a Jesus. Jesus é o modelo. É o molde. E o Espírito Santo nos coloca nesse molde, e vai nos acertando: cada parte nossa com a parte correspondente de Jesus. E, no fim de todo o processo, o Pai pode ver em nós a face de seu Cristo, a face de Jesus. É muito bonito! Quer dizer, somos transformados em Cristo! Vocês, se prestarem atenção às leituras, às orações que se fazem na Santa Missa das semanas 26 a 28 do ano litúrgico, verão que a Igreja pede que sejamos transformados naquele que comemos, em Jesus.

Tudo isto é obra da graça em nós, ação do Espírito Santo habitando em nós. Ele, que é a graça incriada, porque, eterno com o Pai e o Filho, cria, para nós e em nós, graças que nos santificam e transformam, conforme o seu plano de amor e de salvação. Mas Ele próprio é o dom por excelência. Vocês se lembram do **Prefácio** da 4ª Oração litúrgica: lá se diz que Jesus, tendo subido ao céu, derramou o Espírito Santo sobre os homens como seu primeiro dom. Quer dizer, o Espírito Santo é um dom, uma graça, mas dom incriado, graça iniciada, porque é Deus, Deus que nos é enviado para fazer de nós filhos de Deus, moradas de Deus.

São Paulo diz, na **Epístola aos Romanos, 8,9**, que, *"se alguém não tem o Espírito de Cristo, esse não é dele"*. Palavra forte, não é? Aquele que não tem o Espírito de Cristo, esse não é dele. Quer dizer que o cristão é aquele que tem, em si, o Espírito de Cristo. Não o tem, aquele que não é de Cristo. Não há meio termo: dá-se, assim, uma separação real: ou se é de Cristo, e tem-se o Espírito de Cristo, ou não se tem o Espírito de Cristo e não se é dele. Daí a necessidade de sermos missionários, de falarmos de Jesus, de falarmos de Deus, de sua salvação; de trazermos as pessoas para fora da prisão da indiferença, da separação de Deus, para a vida com Jesus, para receberem o Espírito Santo.

Pensamos que todo mundo tem o Espírito Santo, mas a Escritura diz que não é assim. E Jesus disse: *"aquele que crê no Filho, tem a vida eterna"* **(Jo 3,36)**. Quem não crê no Filho, portanto, não a tem. E nós não podemos, nós que temos Jesus, passar pelos nossos irmãos sem ver se eles têm Jesus também. Se não o têm, o amor de Jesus em nós, a compaixão de Jesus em nós, deve levar-nos a falar-lhes de Jesus. Porque é terrível: quem não tem o Espírito de Cristo, esse não é dele! É dele, quem tem o Espírito dele!

Este, pois, é o cristão: aquele que tem, em si, o Espírito de Jesus Cristo. Porque é o Espírito de Jesus que nos faz ver, interior e exteriormente, como Jesus. Sem ele, impossível viver como Jesus, ser como Jesus. É o Espírito Santo que nos revela Jesus, nos mostra Jesus, nos conforma a Jesus, nos dá viver como Jesus, fazer as obras que Jesus fazia, e mais ainda. Temos tudo isto em nós.

O Espírito Santo, pois, habita em nós, que somos de Jesus. Mas não habita sozinho: ele não existe sozinho! Nós pensamos que o Espírito Santo está sozinho, porque, para nós, fica mais fácil pensar que ele está sozinho. No entanto, as três Pessoas da Santíssima Trindade são uma só natureza, e onde está uma, aí estão também as outras. Onde está o Espírito Santo, aí estão o Pai e o Filho. Assim, ele habita em nossas almas com o Pai e o Filho! Somos templos da Santíssima Trindade, segundo as palavras de Jesus: *"Se alguém me ama, guardará a minha palavra, e meu Pai o amará, e viremos a ele, e nele faremos nossa morada"* (Jo 14,23). Isto é feito no Espírito Santo.

Ele está, portanto, em nós. E em nossas almas ele derrama seus dons: os mesmos sentimentos de Jesus, os costumes de Jesus, as virtudes de Jesus. O nosso crescimento na vida sobrenatural consiste em não opormos resistência ao que o Espírito Santo nos ensina, ao que ele vai fazendo em nós, à direção que vai nos dando. Ele é o Deus fiel, fiel à missão, que recebeu do Pai e do Filho, de transformar-nos em Jesus. Ele age sempre em nós, e, a cada momento, somos diferentes: nunca somos os mesmos que éramos minutos atrás.

Isto é interessante saber. Muitas pessoas — e nós mesmos, quantas vezes — dizem de alguém: "Ah, fulano é assim mesmo. Sempre foi assim!" Ora, isto não é verdade. Quem fala assim desconhece, ignora a obra contínua de transformação, de santificação, que o Espírito Santo realiza em nós, de instante a instante, de minuto a minuto, de hora em hora, semana em semana, mês após mês, ano após ano, continuamente, incansavelmente, como só Deus pode fazer.

É a mesma coisa que você pegar uma semente e botar no chão. Quinze dias depois, você chega e diz: "Ah, é a mesma semente! Não mudou nada!" Ora, como igual, se você não está vendo o que está se passando lá dentro? Dezoito dias, a mesma coisa. Dezenove, o mesmo. No vigésimo dia, você chega e diz: "Ah, brotou!" Claro que brotou! Quando você dizia que a semente era a mesma, já não era: tudo, debaixo da casca, estava em movimento; não tinha nada parado naquela semente, nada absolutamente parado! Ora, se essa força vital da natureza criada numa simples semente faz com que nela nada fique parado, imagine o que o Dom Incriado, o Espírito Santo, nosso Deus Criador, faz dentro da gente!

Vocês vêem, portanto, que ignorância, a nossa, de achar que somos iguais ao que éramos ontem! Você chega, olha a roseira e vê um botão. No dia seguinte, botão; no outro, botão. Um dia você chega e é uma rosa, não mais um botão. Por que abriu? Porque, durante aquele tempo todo, ele estava sendo trabalhado para abrir-se no esplendor perfumado de uma linda rosa. Assim somos nós! O Espírito Santo vai trabalhando em nós, e vamos crescendo por dentro, formamos botões; quando se abrem, somos uma flor e perfumamos o ambiente em que estamos, alegrando-o com nossas cores maravilhosas!

Assim, nunca queiram fixar ninguém no passado. Nunca digam: fulano é assim. Porque o Espírito Santo é fiel em realizar a obra que recebeu do Pai e do Filho para fazer, e nos ama, e realiza em nós a sua obra de amor. Se não nos amasse, não estaria em nós, não realizaria em nós sua obra de amor. Como nos ama, quer fazer-nos semelhantes a Jesus, quer tornar-nos **deiformes**. Nós só somos bonitos, realmente, lindos realmente, quando nos assemelhamos a Jesus. E o Espírito Santo quer fazer-nos lindos, como já somos na mente do Pai. Por isso ele vai trabalhando em nós, fazendo de nós uma obra-prima de Deus, cada um uma obra única, que reproduz os traços de Jesus.

Para compreendermos melhor a grandiosidade desse amor de Deus por nós, consideremos as maneiras como Deus pode estar em suas criaturas, **na ordem natural**. São três:

1) **Pelo poder** — Ele tudo pode: pela sua potência, todas as criaturas estão sujeitas ao seu império, ao seu poder, à sua vontade; ele é Todo-poderoso, Onipotente;

2) **Pela presença** — Ele está presente a tudo, tudo vê, até os mais secretos pensamentos de nossa mente. ele é Onipresente.

3) **Pela essência** — Ele dá o ser a todas as criaturas, opera em todas as partes. Se as criaturas existem, é porque ele as sustenta na existência. Tudo o que é real nas criaturas, provém de Deus. Ele é a causa de tudo o que é real nelas, e lhes comunica não só o ser, mas também o movimento e a vida. Quer dizer: se uma criatura existe, é porque Deus a sustenta na existência; se ela se move, Deus é que está ali, dando-lhe mover-se; se vive, é Deus que lhe dá a vida e a sustenta. Por isso é que São Paulo pode dizer que nele nos movemos, vivemos e somos (**cf. At 17,28**).

Em Deus não há divisões, mas, como nós procedemos da análise para a síntese, separamos as coisas para compreender melhor. E podemos, então, compreender que, **na ordem natural**, Deus está nas suas criaturas pelo seu poder, sua presença e sua essência. Ele está em nós, também, dessas maneiras, como criaturas suas que somos. Entretanto, ele nos criou para sermos seus filhos adotivos, e, assim, não nos deixa **na ordem natural**, no estado de simples criaturas, mas elevanos à **ordem da graça**.

Na **ordem da graça**, a presença de Deus em nós é muitíssimo superior, muito mais íntima que qualquer presença de Deus **na ordem da natureza**. Já não é, então, apenas presença do Criador e do Conservador, que sustenta na existência todos os seres que criou. É uma presença especial.

Quando falamos de Deus, como Criador e Conservador de tudo o que criou, consideramo-lo como que estando lá, fazendo tudo lá, mas ficando separado da criação, sem um relacionamento interpessoal entre ele e o criado. Mas, ao sermos elevados à ordem da graça, ele nos admite em sua intimidade, revelando-se a nós em suas três Pessoas, que vêm habitar em nós e manter conosco um relacionamento interpessoal de amor inefável.

O Pai vem a nós, e, em nós, continua a fazer o que ele faz no seio da Santíssima Trindade: a gerar o Verbo Eterno e a amá-lo em nós. Com ele, recebemos o Filho, perfeitamente igual ao Pai, consubstancial ao Pai, que, em nós, se volta todo para o Pai, amando-o infinitamente, em nós. Esse amor dos dois, o Espírito Santo de Amor, que deles procede e que é uma Pessoa, igual ao Pai e ao Filho, os une, em nós, em eterno amplexo de amor.

Então, realizam-se em nós maravilhas divinas pela presença da Santíssima Trindade em nós, **na ordem da graça**, que temos como filhos de Deus, e que é totalmente diferente do seu modo de presença **na ordem da natureza**, que também temos em nós, como criaturas.

O que caracteriza essa presença na ordem da graça é que Deus, não somente está em nós, mas também **se dá** a nós, se entrega a nós, para que possamos gozar de sua presença, estar no seu amor, em sua intimidade. Assim, ele se dá a nós:

a) como **Pai**,

b) como **Amigo**,

c) como **Colaborador** (ele faz tudo em nós),

d) como **Santificador** (ele é o princípio de toda a nossa santificação, de nossa vida interior. Ele, que causa essa vida interior, se apresenta ele próprio como modelo dessa vida sobrenatural, espiritual, que nos dá).

Por tudo isto, vemos que se trata de um modo de presença muito diferente da presença na ordem natural. É bom que tenhamos disto uma idéia clara, porque falamos muito que o Espírito Santo habita em nós, que somos templos do Espírito Santo, templos de Deus, mas não temos muita idéia de como isso se processa.

Na ordem da natureza, Deus está em nós como Criador e Conservador e Soberano Senhor. E não somos senão seus servos, propriedade e coisa sua. Assim é na ordem natural. Por isso o Diabo e seus demônios, que são simples criaturas, só existem porque Deus os sustenta em existência. Vejam a contradição em que vivem: anjos caídos, odeiam aquele que os sustenta em existência!

Deus, como Soberano Senhor, estabelece limites para a ação dos demônios. Eles têm um grande poder, mas só podem exercê-lo dentro dos limites permitidos por Deus. Muitos pensam que Satanás é o oposto de Deus. Não. Ele pode ser o oposto de São Miguel Arcanjo. Deus é o Criador. Todos os outros seres são criaturas.

Na ordem da graça, Deus se dá a nós, em primeiro lugar, como **Pai**, fazendo de nós seus filhos adotivos. Esta é a base de toda a nossa vida sobrenatural. Ele faz de nós seus filhos adotivos e nos transmite essa vida nova. Em **Romanos 8,15-16,** São Paulo diz:

> "Com efeito, não recebestes, de novo, o espírito de servidão, para o temor, mas recebestes o Espírito de adoção de filhos, no qual clamamos 'Abba', Pai. De fato, o próprio Espírito Santo dá testemunho ao nosso espírito, de que somos filhos de Deus".

Deus, então, nos adota por filhos. Pensamos em filhos adotivos à maneira dos homens, não é? Mas Deus nos adota por filhos de um modo muito mais perfeito do que os homens o fazem por adoção legal.

Na adoção legal, os pais podem transmitir aos seus filhos adotivos o seu nome e os seus bens, mas não podem transmitir-lhes o seu sangue e a sua vida. Assim, a nossa adoção legal é uma ficção, uma ficção jurídica. O filho adotado é considerado pelos pais adotivos **como se fosse** seu filho. A sociedade reconhece essa ficção jurídica, e sanciona os seus efeitos. Mas é uma ficção. Um filho adotivo, por mais querido e amado, por mais unido aos pais que o adotaram, não é um filho de sangue, da própria vida.

Ora, no caso da adoção divina não se dá uma ficção jurídica. Não somos feitos filhos adotivos de Deus por ficção jurídica. Na adoção divina, a graça da filiação, como diz São Paulo, nos transforma realmente em filhos. Essa graça é dada por Deus àqueles que têm fé em seu Filho, Jesus, como lemos no Prólogo do **Evangelho segundo São João**:

> *"Deu-lhes o poder de se tornarem filhos de Deus, aqueles que crêem em seu nome"* **(Jo 1,12)**.

Essa filiação não é só de nome: é efetiva, real. Em **1João 3,1**: *"e o somos de fato"*: somos chamados filhos de Deus, e o somos verdadeiramente. Quer dizer, entramos na posse da natureza divina: *"somos feitos consortes"*, participantes, *"da natureza divina"* **(2Pd 1,4)**.

Jesus diz a Nicodemos: *"Aquele que nasceu da carne é carne, e o que nasceu do Espírito é espírito"* **(Jo 3,6)**. Quer dizer, nós nascemos de novo da água e do Espírito, nascemos de novo!!! São várias as expressões da Sagrada Escritura neste sentido.

Essa vida divina em nós, como vimos, é uma participação, à nossa maneira — à maneira de criaturas —, uma semelhança, uma assimilação que faz de nós, não deuses, como Jesus é Deus — Jesus é Deus! — mas deiformes. Temos em nós a forma de Deus, a semelhança de Deus, a imagem de Deus. Mas o fato de não sermos Deus como Jesus, e sim deiformes, não faz com que seja menos verdade de que a nossa adoção é uma realidade, uma coisa real e não uma ficção jurídica. É uma realidade, feita em nós. Há uma transformação em nós. Nós mudamos de forma.

Vocês se lembram de que, em **Filipenses 2,7,** é dito que o Verbo Eterno de Deus, *esvaziando-se de sua divindade, assumiu a nossa forma — a forma de servo.* Forma de uma criatura! Ele, que era Deus, assumiu a forma de servo. Servo é uma criatura, sujeita a seu Criador. O Verbo Eterno de Deus o fez, tornando-se homem, Jesus, servo de Deus, propriedade de Deus, coisa de Deus, sujeito a Deus.

Nós somos transformados. Saímos da forma de servos e recebemos uma forma semelhante à de Deus. Então já não somos apenas simples criaturas, mas temos em nós outra forma, fomos passados de uma forma a outra, *transformados* em filhos de Deus, somos deiformes.

Em *Romanos* **12,2,** São Paulo diz que não devemos nos conformar, isto é, ter a forma, uma forma idêntica, ao mundo:

"não vos conformeis a este mundo, mas transformai-vos" — quer dizer, mudai de forma — *"pela renovação de vossas mentes, a fim de que possais saber o que é bom, o que é justo, o que é agradável a Deus".*

Então, é uma realidade em nós, essa mudança de forma. É uma vida nova. Não é a mesma vida que herdamos de nossos pais. É a vida que herdamos de Deus. Vida nova, da qual nada sabemos. Se fosse a vida de nossa natureza humana, já saberíamos alguma coisa dela; mas, dessa vida nova, nada sabemos. Por isso o Espírito Santo nos é dado: para nos ensinar todas as coisas dela. É ele que nos dá essa vida. É ele que sabe e pode nos ensinar.

Segundo os nossos Livros Santos, dá-se, em nós, uma regeneração: somos regenerados: gerados de novo, nascidos de novo. Entendemos, então, o que Jesus diz, em **João 3,5:**

"Se não renascerdes da água e do Espírito, não podereis entrar no Reino de Deus".

Também, em **Tito 3,5,** São Paulo nos diz: *"Fomos lavados pelo poder regenerador".* Quer dizer, o poder que faz nascer de novo, o poder de regeneração e renovação do Espírito Santo, que faz nascer de novo, que faz novas todas as coisas, inclusive nós.

São Pedro, por sua vez, nos diz que ele *"nos fez renascer (nos gerou de novo) para uma viva esperança"* **(1Pd 1,3)**. Também São Tiago, na sua *Epístola* 1,18:

"voluntariamente (isto é, de seu próprio alvitre, livremente, gratuitamente) *Ele gerou-nos de novo pela palavra — pelo Verbo da verdade".*

Senhor, nós vos louvamos e bendizemos, porque viestes fazer-nos participar de vossa vida, por vossa bondade, por vossa gratuidade, a gratuidade de vosso amor. E colocais em nós tudo aquilo que nos faz ser vossos filhos, de uma maneira real, concreta, positiva; vós nos fazeis novos, vivendo uma vida nova, a vossa vida, aqui na terra, neste mundo de trevas, onde quereis ser luz em nós, e através de nós.

Para salvar o mundo e nossos irmãos, realizais uma obra tão bonita, tão simples, tão humilde, mas tão poderosa em cada um de nós, transformando-nos, a cada momento, e fazendo-nos passar da morte para a vida, das trevas para a luz admirável de vosso Filho.

E nós vos agradecemos e bendizemos, por tudo isto que fazeis em nós. Vós sois nosso Deus, nosso Pai, nosso Amigo, nosso Colaborador, nosso Santificador. Vós sois nosso tudo, e nós vos louvamos e bendizemos por tudo o que vós sois em nós, por nós, para nós, porque assim o quereis.

Realizai, então, hoje, Pai, a vossa obra. Que sejamos cada vez mais conformados à imagem de Cristo Jesus, a fim de que possais vos alegrar cada vez mais em nós, como quereis.

Muito obrigado, Senhor!
Glória a vós, Senhor!
Amém!

Capítulo 8

Deus se dá a nós

Senhor, nós vos louvamos e bendizemos, porque sois nosso Deus, e vós sois maravilhoso e bom! Quereis que sejamos vossos, e para isso nos dais tudo aquilo de que necessitamos para mudar, mudar de registro de vida, e passar a viver nesse registro superior, sob o influxo e a direção de vosso Espírito Santo. E vos agradecemos, porque nos revelastes todas essas coisas, para que não ficássemos na ignorância. Vós nos destes vosso próprio Espírito Santo para nos conduzir a toda a verdade.

Muito obrigado, Senhor!
Glória a vós, Senhor!
Amém!

Vimos, então, como Deus habita em nós. Em primeiro lugar, na ordem da natureza, como Criador, habitando em todos os seres criados, porque tudo o que ele cria, sustenta em existência, e, para isto, é necessária uma presença sua na criatura.

Acontece, então, uma coisa que nos fica parecendo estranho: ele criou os anjos, e os sustenta em existência; Lúcifer se rebela, é precipitado para longe de Deus, e Deus o sustenta em existência. De certa maneira, estando presente nele também! Mas vejam: essa presença como Criador não é uma presença de relacionamento pessoal, mas de sustentação do ser, sem a qual a criatura se esfumaria no nada.

Outro modo de presença de Deus é o da ordem da graça. Nesta, Deus se dá a nós como Pai, e somos capacitados por ele a nos relacionar com ele como filhos adotivos.

Deus se dá a nós como nosso Pai

O homem tem, em si, uma certa capacidade de conhecer a Deus. De conhecer a sua existência, saber que ele existe, e que é o Criador de todas as coisas, como vimos, nos **Atos dos Apóstolos**, São Paulo falar no Areópago, em Atenas. Mas essa percepção de Deus por parte do homem, em seu estado natural, é muito incompleta e imprecisa.

Quando, porém, ele é elevado à ordem da graça, passa a ter uma capacidade nova de se relacionar pessoalmente com Deus. Essa capacidade nos é dada, porque Deus nos adota como seus filhos. Entretanto, a adoção da parte de Deus não é igual à adoção humana, porque, por mais que ame um filho adotivo, um casal humano não pode transformá-lo em um filho de seu próprio sangue. Com Deus, é justamente isso o que ocorre: passamos a ser filhos de Deus, mas filhos como que por natureza, porque nos é dada uma participação da natureza divina. Os filhos adotados por um casal humano não receberam dele a natureza humana, como um filho seu natural.

Ao nascermos, porém, de Deus, o Espírito Santo nos dá uma participação da natureza divina. E, por isso, Deus espera que ajamos e sejamos como seus filhos adotivos, porque temos em nós tudo aquilo de que necessitamos para isso. Jesus, o Filho Unigênito de Deus, que assumiu a nossa natureza humana, e viveu como homem, gerado plenamente pelo Espírito Santo, é o exemplo, para nós, de como um homem — um homem mergulhado em Deus — pode, pelo poder do Espírito Santo, viver e agir, fazendo as obras de Deus.

Somos, pois, chamados a viver como Jesus e a ser filhos, como Jesus — ele por natureza, nós por participação. Somos transladados, assim, de uma situação de simples criaturas humanas, mortos para a vida eterna, à condição de filhos bem-amados de Deus, vivos de vida eterna. Essa vida eterna, vida nova para nós, é a própria vida de Deus. Nascemos de novo, somos uma nova criação de Deus em Cristo Jesus. Trata-se de um novo nascimento, uma regeneração, uma geração nova que nos faz, verdadeiramente, filhos de Deus, nascidos do Espírito, como Jesus disse: *"Aquele que nasce da carne é carne, e aquele que nasce do Espírito é espírito."* **(Jo 3,6)**.

Então, somos feitos irmãos de Jesus. Jesus é nosso irmão porque, em primeiro lugar, é o Verbo eterno de Deus que assumiu a nossa natureza. Mas não é só. Ele é muito mais nosso irmão por outra coisa: é que foi-nos dada uma participação na natureza dele, Verbo eterno de Deus. Há, pois, entre nós e ele uma ligação muito íntima; ele é duplamente nosso irmão, se se pode dizer assim: nasceu, como homem, da Virgem Maria, e nós nascemos de Deus. Temos em nós a sua vida, a sua natureza divina participada. Ele é o nosso irmão mais velho, *o Primogênito de muitos irmãos*(**Rm 8,29; Cl 1,18; Ap 1,5)**.

É, pois, com alegria, com gratidão, com reconhecimento, com admiração que podemos sempre repetir as palavras de São João, quando diz, na sua **Primeira Epístola**: *"Vede com que amor nos amou o Pai, para que sejamos chamados filhos de*

Deus e o sejamos de fato" **(3,1). E o sejamos de fato!**

Deus, portanto, tem para conosco a dedicação, a ternura de um Pai. E também a dedicação e a ternura de uma mãe! A Sagrada Escritura, de fato, nos fala que ele assim também nos trata, e que uma mãe terrena não pode nos tratar como ele o faz:

> *"Pode a mulher esquecer o seu filho, e não se enternecer com o filho de seu útero? Mesmo que ela o faça, eu não te esquecerei"* **(Is 49,15).**

Isto Deus tem demonstrado em toda a História da Salvação. Desde toda a eternidade ele concebeu este plano, de fazer de nós seus filhos adotivos, para estarmos sentados à sua direita, com Cristo Jesus. Desde então, ele se debruça sobre nós, com toda dedicação, com todo carinho, com todo amor, fazendo tudo por nós.

Depois do pecado de Adão, todos nascemos destituídos da glória de Deus, mas nem por isso, ele deixou de amarnos, nem por isso ele desistiu de nós, seus filhos adotivos. E Jesus nos diz: *"Assim Deus tanto amou o mundo, que deu seu Filho unigênito, para que todo aquele que nele crer não pereça, mas tenha a vida eterna"* **(Jo 3,16).** Quer dizer, chegada a plenitude dos tempos, Deus interveio para estabelecer a humanidade na sua amizade, e prosseguir na execução de seu plano.

É esse amor que leva Deus a se dar todo a nós. Ele se dá todo! Desde agora. Não é para depois que morrermos: é desde agora. E não é só de vez em quando: é de modo habitual, continuamente, habitando em nós. Jesus nos diz: *"Se alguém me ama, guardará as minhas palavras, e meu Pai o amará, e viremos a ele e nele faremos nossa morada."* **(Jo 14,23).** Portanto, ele mora em nós que amamos a Jesus; como um Pai amantíssimo e dedicadíssimo. Vejam com que amor devemos retribuir a essa dedicação, a esse amor dele por nós.

Mas, além de Pai, de fazer-nos seus filhos adotivos, Deus se dá também a nós como Amigo.

Deus se dá a nós como nosso Amigo

No relacionamento pai-filho, em que há o amor paterno e o amor filial, a amizade vai acrescentar alguma coisa, uma certa igualdade, uma certa intimidade. Quando há amizade entre pai e mãe e filhos, dá-se uma certa intimidade, uma confiança maior, uma entrega maior, uma reciprocidade que vai trazer comunicação, mais suave, mais afetuosa. Muitas vezes, o relacionamento pai e filho é um relacionamento de amor, mas com alguma distância, um pouco formal, sem a intimidade da amizade.

A amizade implica no contrário da formalidade. A pessoa formal não quer saber de intimidades. Muitas vezes, nosso relacionamento com Deus é formal, distante, quando não somos amigos de Deus. Ele, porém, quer ser nosso Amigo. Chama-nos à sua intimidade, e ficamos com formalidades para com ele! Não nos entregamos à amizade com ele, não nos fazemos seus amigos. Permanecemos distantes, sem afetuosidade, sem entrega. Não há, então, igualdade de tratamento, nem a intimidade suave, gostosa, da amizade. Isto, de nossa parte.

Mas não da parte de Deus: ele estabelece conosco uma amizade eterna, mesmo antes de nos abrirmos a ela: éramos seus inimigos e ele veio a nós. Ele nos trata como amigos, nos revela os seus segredos e nos fala constantemente, seja pela Santa Igreja, seja pelos irmãos, seja no nosso interior, como Jesus promete em **João 14,26**: *"o Espírito Santo vos ensinará todas as coisas; vos recordará tudo o que eu disse"*. O Espírito Santo nos revela os segredos de Deus, as coisas passadas, as que estão por acontecer: as passadas, pela **palavra de conhecimento**; as futuras, pela **palavra de sabedoria**; as que estão escondidas, pelo **discernimento de espíritos**. Ele nos revela os seus segredos porque somos seus amigos: *"Já não vos chamo servos, porque o servo não sabe o que seu senhor faz; mas eu vos chamo amigos, porque tudo o que ouvi de meu Pai, eu vos dei a conhecer"* **(Jo 15,15)**.

Quando se tem um relacionamento apenas formal, o servo não sabe o que o seu senhor faz, porque não há intimidade, não há igualdade, não há reciprocidade. Nosso relacionamento com o Senhor é de amizade, porque não tem segredos para nós. Ele se entrega totalmente a nós e quer introduzir-nos em sua intimidade.

É, pois, uma familiaridade que vai presidir, com doçura, o nosso relacionamento com Deus. Essa familiaridade que existe entre amigos, quando, por exemplo, se sentam à mesa para comer juntos, e ficam falando de todas as coisas, livremente, face a face: *"Eis que estou à porta e bato. Se alguém ouvir a minha voz e me abrir a porta, entrarei em sua casa e cearei com ele, e ele comigo"* **(Ap 3,20).**

(Toca o telefone e você atende:

— Você está ocupado hoje, tem alguma coisa para fazer?

— Eu? Nada!

— Então, vamos sair por aí, bater um papo, comer em algum lugar?) *"Eu cearei com ele, e ele comigo".*

É realmente de admirar-se como as pessoas se recusam a ser amigas de Deus! E encontram todos os motivos: não posso, porque vou me casar; não posso, porque tenho de cuidar dos meus negócios. "Não posso"; e o obstáculo maior é o orgulho. Por orgulho, muitas vezes, a pessoa acha que não é digna. Parece humildade? Se não acha que é digno, então é humilde... Mas não, e aí está a sutileza do orgulho: é Deus que está chamando para a sua amizade. Se alguém diz que não é digno, que quer dizer, senão que quer, primeiro, fazer-se digna (ela própria, por suas próprias forças), para depois aceitar, já sendo digna, a amizade de Deus? É este o orgulho: a pessoa quer fazer-se digna de Deus, ou por outra, *"ser como Deus"*, a eterna tentação.

E, no entanto, é Deus que nos faz dignos. Se dissermos: "Não sou digno, espere um pouquinho, até eu ir ali e me tornar digno", nunca vamos ter amizade com Deus. Porque é o amor de Deus que nos faz dignos, é a bondade de Deus que nos faz bons, é a santidade de Deus que nos faz santos, a justiça de Deus que nos faz justos. A nossa capacidade vem de Deus, e não de nós. Recebemos de Deus tudo isso: a participação na natureza divina, a vida de Deus, o amor de Deus, toda a transformação que Deus faz em nós; é essa a nossa dignidade.

Procure ver, então, em sua própria vida, se não há, talvez, essa raiz de orgulho para arrancá-la. Enquanto ela existir, haverá um obstáculo para você entrar na plena amizade com Deus. Pode haver um tratamento respeitoso, formal, por causa do orgulho. O orgulho intelectual, por exemplo, trata a todos formalmente porque é incapaz de render-se à simplicidade da familiaridade, da intimidade, da amizade com Deus.

Nunca poderíamos, de nós mesmos, ser dignos dessa intimidade. Nunca poderíamos, de nós mesmos, sequer pensar nessa possibilidade, sequer desejar essa intimidade. Se Deus não se tivesse antecipado, para nos fazer dignos dele, se Jesus não se tivesse antecipado em dizer: *"Já não vos chamo servos, mas amigos"*, nada teria acontecido. Estamos mergulhados na amizade de Deus; mas podemos dela nos excluir, por orgulho, não querendo render-nos a esse amor que nos é oferecido gratuitamente.

Mas, quando abrimos a porta para receber a amizade de Deus, o Amigo divino, então uma porção de coisas muda.

O Espírito Santo vem, e se entretém conosco. Ele gosta de conversar conosco. Ele gosta de derramar em nossos corações suas consolações. O que é a consolação do Espírito Santo? É esse amor que ele derrama em nós. Quando duas pessoas se amam, consolam-se pelo amor que uma derrama na outra. Os carinhos com que o Espírito Santo nos cumula, a paz que ele faz reinar em nós, a intimidade com que ele nos trata, são todas suas consolações. Aqueles que conhecem *A Imitação de Cristo*, de Tomás de Kempis, podem encontrar essas coisas no Livro II, Capítulo 1, n°.1.

Isto se dá a todo momento, porque Deus tem prazer em estar conosco, e quer que estejamos também com ele. Por isso, é indispensável reservar pelo menos uma hora por dia para estar com Deus. Muitos não acham tempo para dar essa hora para Deus. Por que? Ignoram? Não dão atenção a Deus? Não têm consideração para com ele? "Ah, não tenho hora". Não é hora que você não tem: é falta de consideração para com Deus. Deus tem prazer em estar com você, e você não lhe quer dar esse prazer. Ele quer simplesmente que você **esteja ali**. Mas, você, não! E, para estar ali, você acha que tem que falar o tempo todo: tá - tá - tá... Ou, então, tem que estar fazendo alguma coisa: tem que encher o tempo... tem que encher o silêncio...

No entanto, ele é que, em primeiro lugar, tem prazer em estar conosco. A gente fica ali, simplesmente, para dar prazer a ele, e não para estar falando ou fazendo alguma coisa. Se nos vem a inspiração do Espírito Santo, então dizemos a Deus o que nos vem ao coração. Isto, porém, como um amigo diz coisas íntimas a seu amigo que está ali pertinho, e quando vê que é oportuno.

É muito engraçado como não deixamos Deus falar, e, como, em geral, não deixamos o outro falar. Às vezes, tenho alguma coisa a dizer a alguém, e lhe telefono:

— Fulano, é Dom Cipriano.

— Ah, Dom Cipriano, mas que ótimo, que bom que o senhor chamou. Estava mesmo querendo falar com o senhor. Imagina que... (e tá -tá - tá - tá... 10 minutos).

Eu digo: — Está bem, muito obrigado. Vamos pensar nisto...

E o outro: — Até logo, então. Depois a gente se fala.

E eu, que tinha telefonado para dizer alguma coisa, não tive oportunidade de falar... Por que? Porque, naqueles dez minutos, a pessoa despejou todo o seu saco de batatas, sem nem se preocupar por que razão eu tinha chamado, se eu tinha alguma coisa a lhe dizer. Assim somos nós com Deus. Ele quer estar conosco, mas, chega aquele momento, e despejamos nosso saco de batatas em cima dele, e nem queremos saber se ele tem alguma coisa a nos dizer. E ele tem: ele quer falar conosco como de amigo para amigo.

Assim é que ele nos trata como Amigo, mas nós não lhe temos amizade. Precisamos, pois, crescer, não só como seus filhos, que somos, mas também como seus amigos, para corresponder ao que Jesus nos disse: *"Já não vos chamo servos, mas amigos"*.

Deus se dá a nós como nosso Colaborador

Deus é nosso colaborador, fiel e poderoso. Como ele sabe — ele nos conhece, pois foi ele quem nos criou — que de nós mesmos não podemos cultivar essa vida sobrenatural que nos concedeu gratuitamente, por seu amor, ele vem, como diz a Escritura, *"em socorro de nossa fraqueza"* **(Rm 8,26)**. Ele supre a nossa impotência, colaborando conosco pelos impulsos que nos dá a todo momento. Esses impulsos são o que chamamos de **graças atuais**.

Já vimos o que seja a graça atual. É esse impulso que o Senhor nos dá para fazermos atos e vivermos em nível de vida sobrenatural.

É muito comum ouvirmos alguém dizer: "Fulano falou, e foi muito ungido!" O que quer dizer "foi muito ungido"? A pessoa quer dizer que Fulano falou sob a inspiração do Espírito Santo. O Espírito Santo, diz a Escritura, é **a Unção:** *""Quanto a vós, a unção que recebestes dele permanece em vós, e não tendes necessidade de que alguém vos ensine; mas como sua unção vos ensina tudo, e ela é verdadeira e não mentirosa, assim como ela vos ensinou, permanecei nele"* **(1Jo 2,27)**. A pessoa ungida é a que tem em si a unção, o impulso do Espírito Santo. Esse impulso é uma graça atual, a graça que a pessoa recebe naquele momento, para aquela tarefa. Por isso se chama atual: é para o momento, para o ato, um ato que Deus quer que seja realizado pelo seu poder.

Assim, se precisamos de luz para perceber as verdades da fé, temos o Pai das luzes para iluminar nossas inteligências. Ele vai nos inspirar bons pensamentos, vai nos inspirar ações que ele quer que façamos. Se precisamos de força para querer, realmente, firme e sinceramente, orientar a nossa vida segundo o plano de Deus, ele nos dará essa ajuda sobrenatural, que nos permite firmar resoluções, cumprir resoluções, no poder de Deus. A Escritura diz, em **Filipenses 2,3:** *"ele opera em nós o querer e o fazer"*. Querer é um ato de nossa vontade. Entretanto, só podemos querer realmente, com firmeza, em nível sobrenatural, sob o influxo do Espírito Santo. Ele opera em nós o querer e o fazer, porque, nesse nível sobre-humano, não temos possibilidade de agir sem o poder de Deus.

Agora já estamos percebendo, por tudo isso, que temos vivido muito aquém de nossas reais possibilidades. Temos estado iludidos pelo viver comum das pessoas, no mundo, e nos contentamos com uma vida medíocre, pobre, tendo dentro de nós todo o poder de Deus para todas as coisas! Por que os Apóstolos transformaram o mundo? Porque deixaram de agir como toda gente que estava em volta deles, para começar a agir no poder de Deus! Os Atos dos Apóstolos são os feitos de pessoas que se decidiram a deixar o Espírito Santo dirigir o barco. O que é o batismo no Espírito Santo? É o encontro da vontade de Deus e da sua vontade para essa passagem do nível humano para o nível de vida eterna. Em nível humano você vai remando, esforçando-se para levar o barco. Em nível de vida eterna seu barco adquire uma vela, e o vento sopra e você não precisa remar. Esse vento é o sopro do amor de Deus, o Espírito Santo.

Podemos, ou viver assim, sem contar com o poder de Deus — e é o que vemos tantos fazerem (mesmo nós, mesmo nós!), ou viver ao sopro do Espírito Santo — mais rapidamente, com mais força, sem cansaço porque ele nos dá todo o necessário. Se quisermos viver uma vida levada a remo, basta continuarmos como estamos; mas, se preferirmos singrar as águas deste mundo ao sopro do poder do Espírito Santo de Deus, então alguma coisa tem de mudar.

Temos uma porção de desencontros interiores que se chamam paixões: a ira, a raiva, a luxúria, a gula, coisas que alteram tudo dentro de nós. Temos que nos esforçar muito para vencê-las por nossa própria conta. No entanto, se vivemos em Deus, ao sopro do Espírito, é ele que nos vai dar a força de resistir às paixões e vencê-las. Com efeito, lemos na Sagrada Escritura: *"Deus é fiel; não permitirá que sejais tentados acima das vossas forças. Mas, com a tentação, ele vos dará os meios de sair dela e a força para a suportar"* (1Cor 10,13). Essa força é a virtude. Virtude quer dizer isso: força, energia. A virtude sobrenatural que o Espírito Santo nos traz é uma força sobrenatural que nos é dada para praticarmos com eficácia seus atos próprios, como a prudência, a fortaleza, a temperança, a justiça etc., e vencermos a tentação de ceder às paixões opostas. Assim, da própria tentação — e isso é uma derrota imensa para Satanás — Deus tira um proveito, fazendo-nos sair dela mais fortes por causa de todas as maravilhas que o Espírito Santo realiza em nós para as vencermos. Maravilhas da colaboração de Deus conosco!

Outro aspecto dessa colaboração nos é mostrado em **Filipenses 1,6:** *"Aquele que começou em vós a obra da santificação, aperfeiçoá-la-á até o dia de Cristo Jesus"*. Somos muito propensos ao desânimo, mas esta promessa da Sagrada Escritura nos mostra que não há motivo para desalentos, tristeza, acabrunhamento, para achar que não vamos conseguir; a obra é do Espírito Santo, e ele não desanima, nem descansa, nem dormita *(Sl 121, especialmente vs. 3-4)*. Ele vai nos sustentar, reanimar, tocar para a frente. Ele vai aperfeiçoar esta obra em nós até o dia de Cristo Jesus, porque ele é fiel e não muda. Não há, pois, que desanimar nem que se preocupar com o desânimo porque o Espírito Santo está à obra em nós, com desânimo e tudo. Portanto, é prosseguir realmente na nossa certeza, na nossa convicção de fé, e deixar os desalentos de lado. O Senhor nos dá uma vida dinâmica, entusiasmante.

Deus, como nosso colaborador nunca nos deixa sozinhos. Não nos deixa sozinhos como Pai, não nos deixa sozinhos como Amigo e não nos deixa sozinhos como Colaborador. A graça de Deus sempre vai estar conosco: é só estarmos sempre abertos para ela.

"Mas, pela graça de Deus, sou o que sou; e sua graça em mim dispensada não foi estéril. Ao contrário, trabalhei mais que todos eles; não eu, mas a graça de Deus que está comigo", diz São Paulo (1Cor 15,10). "A graça de Deus em mim não foi estéril"..."trabalhei mais que todos eles". Devia estar cansado, não? Mas: "não fui eu, e sim a graça de Deus em mim". Quer dizer: toda essa obra foi obra do Espírito Santo de Deus! Por que? Porque me abri a esse colaborador. Então, com esse colaborador, que é infinitamente poderoso, não há nada, nada que seja impossível.

Se você bem se lembra, a palavra de Jesus é justamente essa: "...em verdade vos digo: se tiverdes fé como um grão de mostarda, direis a esta montanha: transporta-te daqui para lá, e ela se transportará, e nada vos será impossível" (Mt 17,20). Porque é Deus agindo em nós e através de nós, como nosso colaborador. Por isso, São Paulo ainda nos diz: *"Tudo posso naquele que me dá forças, naquele que me conforta"* (Fl 4,13). Por que "tudo posso"? Porque nada me é impossível: "não eu, mas a graça de Deus em mim".

Vemos, pois, que somos chamados a um outro nível de vida. É outra coisa! Temos que deixar de viver a remo para viver a vela, ao sopro do Espírito Santo de Deus, para podermos dizer também: "Tudo posso naquele que me dá forças".

Senhor, vós sois nosso Deus, maravilhoso e bom. E nós agradecemos tudo o que realizais em nós e através de nós. Vós nos chamastes a viver a vossa própria vida, no poder do vosso amor. Vós nos convidais a viver ao sopro de vosso Espírito, a passar do nível de simples natureza humana ao nível de filhos vossos, co-herdeiros de Jesus, templos de vossa presença, canais de vosso poder neste mundo de trevas.

Assim, vos pedimos que realizeis em nós, cada vez mais plenamente, o vosso plano de amor, a fim de que possais ter cada vez mais prazer em estar conosco, em nos ajudar, em nos transformar, para que sejamos cada vez mais semelhantes ao vosso Filho Jesus.

Nós vos pedimos que abençoeis o nosso dia. Que afasteis de nós todo o mal, todas as enfermidades, todos os ataques do inimigo.

Muito obrigado, Senhor!

Glória a vós, Senhor!

Amém.

Capítulo 9

Moradas do Senhor

Pai Santo: Vós sois nosso Deus, vós sois aquele que nos cria para sermos vossos filhos, e nos mantendes nesse amor vosso pela ação do vosso Espírito, que reproduz em nós os traços de vosso Filho Jesus, e vos agradecemos tudo quanto fazeis em nós e através de nós, realizando vosso plano de amor para cada um e para todos.

Vós sois maravilhoso e bom, e nós vos louvamos e bendizemos por esse amor infinito que nos tendes, e vos pedimos, Pai, que realizeis em nós a plenitude de vosso plano, enchendo-nos de vosso amor, de vossa graça, de tal maneira que, em nós, nenhuma pega o inimigo possa ter, nada em nós, em nossa vontade, em nossa maneira de ser, que o inimigo possa segurar para nos deter no caminho que nos leva a vós, neste impulso de vosso Espírito, que nos apressa cada vez mais, para encontrar-vos e contemplar-vos na vossa beleza, face a face.

Nós vos agradecemos, Pai.
Glória a vós, Senhor.
Amém.

Nosso Deus nos faz para ele, para fazer de nós seus filhos adotivos, e realmente o realiza pela ação do seu Espírito Santo em nós; e nos chama a: 1) um relacionamento pessoal com ele, muito íntimo, relacionamento de Pai para filhos, sendo nós seus filhos adotivos em Jesus; 2) um relacionamento de amigo, no qual ele nos revela todas as suas coisas pelos dons do Espírito Santo em nós; 3) um relacionamento de colaborador, colaborando para a nossa santificação, nosso aperfeiçoamento, dando-nos impulsos, fortalecendo-nos para a ação pela sua graça, de tal maneira que muitas coisas se realizam através de nós no poder de Deus — com o que nossas ações têm um efeito totalmente outro, totalmente desproporcional às possibilidades humanas, já que falamos no poder de Deus e agimos no poder de Deus, que é criador e redentor, e realiza todas as coisas; assim, por nossa palavra, se realizam coisas, por nossas ações as coisas acontecem. Então, através de nós, se fazem milagres e curas, e o ambiente à nossa volta se transforma, na medida em que entregamos nossa vontade, não ao inimigo, não às nossas paixões, mas ao Espírito Santo, que a purifica e a faz semelhante à de Jesus, juntamente com a nossa mente, a nossa inteligência. Mesmo a nossa imaginação, em vez de ficar borboleteando por aí, imaginando coisas, é transformada, e o Espírito Santo faz dela seu instrumento. Desta forma, tudo em nós se renova, porque somos feitos filhos, amigos e colaboradores de Deus.

E uma quarta maneira desse nosso relacionamento com nosso Deus, é que ele nos santifica. Ele é nosso Pai, nosso Amigo, nosso Colaborador, e também nosso Santificador. Ele, nosso Deus, vindo habitar em nós, transforma-nos em seus templos, fazendo de nós o templo santo de Deus. Somos, não um templo qualquer, mas um templo santo ornado com todas as coisas que Deus julga agradável que tenhamos. De fato, lemos:

"O templo de Deus é santo, e esse templo sois vós" **(1Cor 3,17).**

Quer dizer: esse templo de Deus é santo, um templo que tem em si todas as virtudes da santidade, todas essas qualidades santificadoras que deve ter um templo de Deus. E nós somos um templo vivo, de modo que estas coisas vivem em nós.

O Deus que vem a nós, em nós habitar, vem habitar em nós de um modo diferente daquele mediante o qual, ou pelo qual habita em todas as coisas criadas. Ele habita em nós, sim, como Deus Criador, pois somos suas criaturas. Deste modo, habitando em nós, ele nos conserva em existência, porquanto não poderíamos existir, como nada poderia existir — nenhuma pedra, nenhum ser — se não fosse a ação sustentadora de Deus, que todos mantém em existência. O ser, o existir deles depende de Deus.

Este tipo de presença de Deus Criador em suas criaturas é **por essência**, não é uma presença pessoal, mas, se se pode dizer assim, impessoal: o ser criado não se apercebe dela, não se identifica nem tem relação alguma pessoal com Deus Criador.

Na ordem da graça, porém, Deus habita em nós de outra maneira, de maneira pessoal, e estabelece conosco um relacionamento pessoal de amor, de amizade íntima com o Pai, com o Filho e com o Espírito Santo, as três Pessoas da Santíssima Trindade. Esse relacionamento é possível, porque trazemos em nós — o Espírito Santo no-la confere — uma participação da vida divina, da natureza divina. Por a termos em nós, podemos entrar em relacionamento pessoal com Deus, pessoa a pessoa. E Deus nos criou para isto, para sermos seus filhos adotivos em Cristo Jesus, o que quer dizer que ele nos criou para sermos santos, porque Deus é santo e seus filhos adotivos devem ser como ele. Como diz a Escritura:

"Sede santos porque eu sou santo" **(Lv 11,44)**.

E temos em nós essa santidade e essa exigência de santidade — *sem santidade ninguém verá a Deus* — porque Deus é santo. O Espírito de Deus em nós nos ajuda a cortar todos os laços que impedem em nós a realização dessa santidade de Deus. Muitas vezes somos presos por nossos próprios apetites, por nossos apegos, e o Espírito nos toca justamente para que tomemos consciência deles e percebamos a necessidade de sermos deles libertados para viver na plenitude do Espírito, que nos santifica para o Pai.

Vimos que, por termos em nós essa nova natureza — a participação na natureza divina —, a participação da vida de Deus e a presença de Deus em nós, não estamos mais sujeitos à obrigatoriedade, ao imperativo de viver segundo a carne, buscando a satisfação dos desejos da carne, de nossa natureza caída, por justamente termos em nós a liberdade de filhos de Deus. Ele habita em nós, e essa habitação é atribuída ao Espírito Santo, porque, quando a obra de Deus se faz "ad extra", para fora de.Deus, na Criação, a atribuímos ao Espírito Santo porque, sendo ele o Espírito de Amor, a ele se atribui toda obra de amor. Na realidade, porém, essa habitação é comum às três Pessoas divinas, como lemos aqui, na **Primeira aos Coríntios 3,16:** *"Não sabeis que sois o templo de Deus?"* e continua: *"O Espírito Santo habita em vós"*. Também o Pai e o Filho habitam em nós, que amamos Jesus, conforme suas palavras:

> *"Se alguém me ama, guardará a minha palavra, e meu Pai o amará, e nós viremos a ele, e nele faremos nossa morada"* **(Jo 14,23)**.

O Espírito Santo vem como que estabelecer, preparar a vinda, ou a morada do Pai e do Filho em nós. Ele nos mostra Jesus, suscita em nosso coração o amor a Jesus, e passamos a amar Jesus, guardando o seu mandamento. Amando Jesus, o Pai nos ama, e vem com Jesus morar em nós.

Assim, dizemos que o Espírito Santo habita em nós, mas, na realidade, quando vivemos essa vida da graça, são as três Pessoas divinas que habitam em nós; por isso São Paulo pode dizer, indiferentemente, que somos templos de Deus, ou que somos templos do Espírito Santo. Nós nos tornamos, por essa ação santificadora do Espírito Santo em nós, templos de Deus vivo, o recinto sagrado, reservado a Deus.

Vocês se lembram da Arca da Aliança? Havia o tabernáculo e a tenda. No Templo de Jerusalém havia o Santo do Santos, onde ninguém podia penetrar senão o encarregado do sacrifício. Nós também somos um recinto sagrado onde habita Deus. Ele tem em nós o seu trono de misericórdia, e se compraz em atender, em distribuir, em derramar sobre nós as suas graças, as suas bênçãos, os seus dons, e, habitando em nós, vai embelezando a sua morada, tornando-nos cada vez mais belos, cada vez mais lindos, porque Deus habita em nós.

É um contraste tão grande da vida no Espírito Santo com a vida que levam as pessoas que não fazem questão, ou não dão atenção a esta presença de Deus nelas — templos vivos de Deus, templos de Deus vivo. Esta presença é santificadora: ela vai nos transformando, vai agindo em nós, e a Trindade passa a ser, em nós, o princípio de nossa santificação — é ela que nos santifica, a fonte de nossa vida interior. Se temos vida interior é pela ação de Deus em nós, e não por algum merecimento nosso, por alguma coisa que tenhamos feito; é pura gratuidade de Deus.

Como os filhos devem seguir o exemplo dos pais, nós, sendo filhos de Deus, tendo nascido de Deus, tendo recebido a participação da natureza divina, devemos imitar nosso Pai celeste como uma criança, que nasce de pais terrenos tende a imitar seus pais. Lemos, na *Primeira Epístola de São Pedro* **(1,15-16):**

> "*A exemplo da santidade daquele que vos chamou, sede também vós santos em todas as vossas ações, pois está escrito: 'Sede santos, porque eu sou santo'*"**(Lv 11,44).**

E Jesus, por sua vez, nos recomenda:

> "*...sede perfeitos, como vosso Pai celeste é perfeito*" (Mt 5,48).

Devemos distribuir o nosso amor sobre bons e maus, porque o Pai faz chover sobre ímpios e fiéis e faz nascer o seu sol para todos. Assim, devemos amar amigos e inimigos, e não fazer distinção de pessoas. O Pai, portanto, é, para nós, uma causa exemplar, um exemplo a ser seguido. Para isto temos tudo o que é necessário *"para a vida e a piedade"* **(2Pd 1,3). Piedade**, em latim *pietas*, significa amor e respeito filiais: temos tudo o que é necessário para a vida de amor e respeito ao nosso Pai do céu.

Somos templos de Deus. Isto é uma coisa tão extraordinária, tão formidável, tão inefável que, se tivéssemos sequer um pequeno vislumbre, uma pequena idéia do que seja, se pudéssemos ver-nos com olhos espirituais, como os anjos vêem, cairíamos, rosto em terra, a agradecer, a adorar, a bendizer nosso Deus, que realiza isto em nós por puro amor, por pura gratuidade de amor. Quanto mais vivermos essa nossa qualidade de templos de Deus vivo, nossa simples presença porá os demônios em polvorosa, como quando Jesus chegava, e os demônios se alvoroçavam e perguntavam: *"Que tens tu conosco, Jesus de Nazaré? Vieste para nos perder?"* **(Mc 1,24)**. Eles ficam em polvorosa porque vêem em nós aquilo que somos e que nós mesmos não vemos, porque não foi ainda manifestado, conforme nos diz São João em sua **Primeira Epístola:**

"Caríssimos, desde agora somos filhos de Deus, mas não se manifestou ainda o que havemos de ser. Sabemos que, quando isto se manifestar, seremos semelhantes a Deus, porquanto o veremos como ele é" **(3,2)**

Como o veremos? Como teremos olhos para vê-lo? Como pode um homem ver a Deus? Só participando da natureza divina. Só vivendo da vida divina. Não podemos estar a nos arrastar, presos, ençadeados, acorrentados a coisinhas deste mundo que passam: desejosinhos, paixõesinhas, tudo tão pequeno, tão mesquinho! Como é que podemos, templos de Deus que somos, nos deixar subjugar por coisas que hoje são e amanhã não são mais, ou pela ação do inimigo de Deus! Justamente nós, a quem foi dada a incumbência de expandir o reino de Deus e destruir o de Satanás! Como é que podemos fazer acordo com o inimigo? *Que acordo pode haver entre Cristo e Belial?* **(2Cor 6,15)**. Se somos templos de Deus, temos de nos comportar de acordo com esta dignidade. Quem tem dentro de si uma coisa tão maravilhosa como a presença da Santíssima Trindade, precisa estar atento para viver esta Presença, caminhar à luz de Deus, caminhar com esse Deus interior, que habita lá dentro.

Isto deve fazer nascer em nós três sentimentos principais: adoração, amor e imitação.

O primeiro sentimento que brota, como que espontaneamente do coração, é o de adoração. Lemos, na **Primeira Epístola** *aos Coríntios* **(6,20)**:

"Glorificai, portanto, a Deus em vossos corpos, porque são templos de Deus".

Glorificar, adorar a Deus, dar graças a nosso Deus, que habita em nós e nos transforma em seu santuário.

Quando Maria Santíssima disse o seu sim e concebeu do Espírito Santo, quer dizer, recebeu no seu seio o Verbo de Deus, que assumiu, naquele ventre imaculado, a nossa natureza, a vida dela, que era de piedade, se transformou e passou a ser um ato perpétuo de adoração e de reconhecimento. É por isso que lemos, em **Lucas 1,46-49**: *"A minha alma glorifica o Senhor, que fez em mim grandes coisas. Santo é o seu nome".*

O reconhecimento dessa presença diante da qual o homem cai por terra, rosto em terra (Vocês se lembram de que São João disse, no **Apocalipse 1,17**, que, ao ver *alguém semelhante a um filho do homem, no meio dos sete candelabros, caiu por terra, como morto, a seus pés*), é, de certa maneira, um "repouso no Espírito", onde a presença de Deus, forte, grande, vem sobre nós, e simplesmente caímos por terra. Nossas forças se esvaem diante dessa presença de Deus, tão grande, que vem sobre nós. É uma qualidade nova em nós, que devemos perceber e apreciar. Devemos viver mais nessa condição, em nível de vida eterna, oferecendo-nos, como diz a Escritura em **Romanos 12,1**, como hóstia de louvor, agradável a Deus. Hóstia, isto é, sacrifício queimado totalmente, oferecido em holocausto. Vida consumida no louvor contínuo a nosso Deus, bendizendo-o continuamente, mantendo continuamente sua presença em nós.

Vivendo nessa grandeza, nessa dignidade que é a nossa, não nos deixemos levar por movimentos menos compatíveis, menos consentâneos com essa presença de Deus em nós. Quanto mais assim vivermos, tanto menos força terão sobre nós os movimentos interiores de pensamentos, sentimentos e paixões, dos impulsos da carne, da nossa natureza decaída. Não terão sobre nós imperativo algum, não nos imperarão mais.

Todo o nosso dia será passado nessa presença. O nosso sinal da Cruz, "em nome do Pai, do Filho e do Espírito Santo" dedicará todas as nossas ações à Trindade Santíssima, que habita em nós. Ao terminarmos o que fazermos, nós a glorificamos: "Glória ao Pai, ao Filho e ao Espírito Santo", porque levou a cabo aquela ação em nós. Por isso dizemos: "Aconteceu tal e tal coisa. Glória a Deus!" ou "Hoje aconteceu isto e isto, louvado seja o Senhor!" Sim, é ele que tudo realiza, como diz São Paulo, *"não eu, mas a graça de Deus em mim"*. Temos, pois, que glorificar a Deus por tudo, pelo que é realizado em nós e através de nós, e, antes de começar qualquer coisa, consagrá-la a Deus. Como diz São Paulo aos colossenses **(3,17)**: *"E tudo quanto fizerdes em palavra ou ação, fazei-o em nome do Senhor Jesus, dando por ele graças a Deus Pai"*.

Em nossas vidas, em tudo glorificamos o Senhor. Na Santa Missa, esse encontro maravilhoso com Jesus; no Ofício divino, no grupo de oração, cantamos sempre a glória de Deus. Temos necessidade de glorificar a Deus três vezes Santo: "Santo, Santo, Santo é o Senhor, Deus do universo". Os cânticos, em nossos grupos de oração, muitas vezes são inspirados: "Eu te amo, Deus; e, com minha voz, te adorarei, ó meu Deus, e te entoarei, sim, o meu louvor, que seja um doce, doce som para ti".

É um louvor que brota lá do fundo. Há uma presença lá no fundo. Cultivamos essa presença, e, diante dela, diante do nosso hóspede divino, reconhecemos nossa total dependência dele, dependência em tudo e por tudo, porque ele é o nosso princípio e o nosso fim — ele nos fez para ele, e nos mantém em existência para ele, e não só isso: dá-nos uma participação em sua vida divina. Jamais poderíamos merecê-la: é pura gratuidade de Deus, e, além disso, dá-nos o Espírito Santo para nos guiar, para dar-nos o poder de Deus em nossas palavras e ações, para nos assemelhar a Cristo Jesus. Só seu amor tão grande poderia fazer isto! Somos totalmente dependentes dele.

Um dia destes, eu estava rezando com uma pessoa, e pedi ao Senhor que derramasse sua paz sobre ela, que fosse inundada da paz de Deus. Depois da oração, essa pessoa diz: "Ah, muito obrigada, porque realmente eu consegui captar..." Eu lhe disse: "Não fale assim. Você não conseguiu captar. Você recebeu um dom, uma luz, uma graça que a fez compreender. Foi-lhe dado gratuitamente: agradeça o presente que recebeu". E muita gente fica nessa de "eu consegui". A idéia do "eu consegui" é a da autonomia, do poder pessoal, do "eu na frente", do "eu no centro", quando tudo é dom, dom gratuito, dom de amor, em que dependemos totalmente da bondade e da misericórdia de Deus.

Temos a nossa vontade, e, muitas vezes, a ilusão da independência, da autonomia. É conseqüência do pecado original, quando a serpente tentou nossos pais a serem autônomos, independentes de Deus: "sereis como deuses". Esse desejo de ser como Deus fica ainda no coração dos homens e das mulheres, porque é aquela mancha, aquele ressaibo do pecado, um prurido de independência que é alimentado pelo mundo e pelo Inimigo, porque é disso que ele se alimenta, de reforçar em nós os efeitos do pecado primeiro, que nos valeu a expulsão do paraíso. Ele, porém, para suprema derrota de Satanás, valeu-nos um Redentor como Jesus, que nos restaurou e nos estabeleceu num estado superior, muito superior ao de Adão no paraíso. E ele o fez, tornando-se obediente até a morte, e morte de cruz.

Dependemos, pois, de Deus, e temos grande incapacidade de louvá-lo como merece. Incapazes assim, não temos em nós sentimentos adequados de admiração, de louvor e ação de graças. Como homens, não temos adequação nenhuma com Deus; somos totalmente incapazes. Se louvamos a Deus, se o bendizemos, é pela ação dele em nós, pela ação do Espírito Santo em nós, o único que pode dar a Deus o louvor que merece. Por isso lemos em **Romanos 8,26**: *"E o Espírito de Deus vem em socorro de nossa fraqueza, porque não sabemos o que havemos de pedir como convém... O mesmo Espírito ora em nós com gemidos inefáveis"*; e, em **Colossenses 3,16**: *"Em ação de graças a Deus, entoai, em vossos corações, salmos, hinos, cânticos no Espírito"*. Cânticos no Espírito quer dizer, o louvor em línguas, cantar movido pelo Espírito Santo — pode ser em vernáculo, mas, na maioria das vezes, é um canto que brota do fundo de nós e sai em linguagem que não é a nossa, um canto de profundo louvor, e, assim, *"entoai, em vossos corações, salmos, hinos e cânticos no Espírito"* quer dizer: entregai-vos ao Espírito Santo, para que cante em vós os louvores de Deus.

Tendo, pois, adorado a Deus, proclamado que nada somos, que dele dependemos em tudo e para tudo, que não temos capacidade em nós — toda nossa capacidade vem dele — somos levados a amar. Amamos esse Deus que nos dá todas essas coisas gratuitamente, sem nenhum merecimento nosso, sem necessitar de nós coisa alguma. Pura gratuidade. Somos feitos para conhecer, amar e louvar a Deus. Somos feitos para isto, e, portanto, temos em nós os germes, as capacitações para amar a Deus, que podem e devem ser desenvolvidas, mas que, muitas vezes, ficam encruadas por causa da ação do mundo e dos maus exemplos em nossas famílias, nas escolas, e mesmo na Igreja. Não temos exemplos assim, de amor a Deus, não somos levados a amar a Deus, como deveríamos ser, desde a infância; porque nossos pais não amavam a Deus assim; antes deles, nossos avós não amavam assim a Deus, e não ensinaram nossos pais; estes não nos ensinaram, e não temos também ensinado nossos filhos. Por isso tanta coisa acontece no mundo, porque a vontade de Deus nele não é feita; nem em nossas vidas, porque não amamos a Deus suficientemente.

Quando, porém, nos entregamos a essa ação amorosa do Espírito Santo, a essa habitação de Deus em nós, somos levados à adoração, e o Senhor desenvolve em nós, pelo Espírito Santo, o amor de Deus que foi derramado por ele abundantemente, em nossos corações. Desenvolve nossas capacidades de amar, de amar a Deus e amar os irmãos. O mundo não nos ensina a amar, e sim a ser egoístas, a buscar nossas próprias satisfações, a satisfazer nossos próprios desejos, independentemente de ser bom ou mau o que fazemos: "É isto o que quero, não importe que o rocinante claudique! (não importa que a mula manque!) Pouco se me dá". O mundo assim nos ensina.

O Espírito Santo em nós é que vai demolindo esses corações de pedra, e vai criando em nós, colocando em nós, corações novos, capazes de amar. Nosso amor, então, a Deus, é um amor repassado de confiança, um amor de entrega total. Deus, que é a majestade infinita, abaixa-se até nós, para convidar-nos a amá-lo, como vemos em **Provérbios 23,26**: *"Meu filho, dá-me teu coração"*. Ele tem o direito de exigir tudo de nós. Tem o direito de esperar esse amor de nós, porque nos cria, os mantém em existência e nos eleva até ele. Deveríamos ser reconhecidos a ele, e ele poderia exigir de nós esse amor, mas não exige nada de nós; ao contrário, ele vem e pede: *"Meu filho, entrega-me teu coração"*; um movimento do

Espírito em nós, doce, suave, manso. Não nos obriga a nada. Quem nos obriga e nos escraviza a maus hábitos, a maus atos, é o Diabo. Ele nos ata a más ações, ao pecado. O Espírito Santo é justamente o contrário: nos liberta, e nos liberta inclusive de nós mesmos; vai-nos chamando suavemente, docemente, dando ao nosso coração um jeito novo. Cada vez que atendemos ao Espírito Santo, nosso coração se transforma, e vai perdendo aquela dureza, vai se tornando capaz de corresponder espontaneamente ao amor de Deus, de falar a Deus como um filho, uma filha fala a seu pai: "Paizinho, isto, isto e isto".

Se amamos o Pai, não nos dirigimos a ele como se não o amássemos, como se ele fosse um ser impessoal, ou formal ou distante. Muita gente pensa que, para se dirigir ao Pai, precisa se formalizar como se fosse dirigir-se a um rei da terra: "Vossa Majestade permitiria que este vosso humilde servo possa abrir a boca e dirigir-vos algumas palavras?" Aí, o rei da terra diz, com voz soturna: "Pensarei sobre o assunto". Três dias depois, vem a mensagem pelo arauto de Sua Majestade, que se aproxima de você, que ficou ali, de pé, esperando ansiosamente durante os três dias, e anuncia: "Sua Majestade, o rei, pensou". "Ah, Sua Majestade dignou-se dedicar ao pedido deste pobre marquês, um átimo de sua preciosa atividade mental? Pensou?" E diz o arauto: "Pensou!" E você diz: "Mas permita-me: pode este pobre servo perguntar ainda, se não for demasiada ousadia, o que pensou?" E o arauto se retira, vai até Sua Majestade e aguarda dois dias, um momento favorável para ser recebido em audiência e perguntar o que foi que pensou. Sua Majestade responde, com benignidade: "Eu pensei que talvez fosse melhor esse pobre indivíduo abrir a boca para dirigir-me algumas palavras". Dois dias depois, portanto, chega a você o arauto e diz: "Sua Majestade, como disse, pensou". "Pois não. Este pobre marquês espera, ansioso, ouvir, isto é, receber em seus ouvidos as vibrações sonoras do pensamento que Sua Majestade dignou-se dedicar a este pobre servo seu. Portanto, senhor arauto, queira, por favor, fazer vibrar o ar com a mensagem de que foi incumbido, a fim de que essa vibração penetre meus ouvidos ansiosos, e eu possa saber, enfim, depois desses cinco dias de angustiosa espera, sem comer, nem beber, nem ir ao banheiro, o que pensou Sua Majestade!" E o arauto proclama, solenemente: "Sua Majestade pensou; de fato, dignou-se a pensar que poderia estender sua benevolência a vossa mercê, a fim de que possa abrir a boca, como pediu, e dirigir-lhe algumas palavras".

Nosso Deus, de majestade infinita, não é assim: ele vem diretamente a nós para pedir *"Meu filho, entrega-me teu coração"*, a fim de que possamos dizer a ele, diretamente: "Meu paizinho querido! Abba!" Nós recebemos um espírito de filiação, e não um espírito de escravidão para viver de novo no temor. *"Recebemos um espírito de filiação, no qual clamamos: Abba, Pai!"* **(Rm 8,15)**. Abba é diminutivo carinhoso de Abbo, Pai: Paizinho. Atendamos a esse movimento do Espírito Santo em nosso coração para também com suavidade, amor, entrega, com espontaneidade e confiança filial, dirigir-nos a ele, entregando nosso coração. Nosso Deus é cheio de delicadeza para conosco. Ele se esmera em atender-nos com toda delicadeza, com todo amor. Se prestarmos atenção, veremos quanta delicadeza de Deus para conosco a cada dia, a cada momento, e seremos gratos a ele por todas e cada uma delas. E como não corresponder, com amor confiante e espontâneo a todas essas delicadezas de Deus? Um amor cheio de confiança, reconhecido, grato.

Temos de cultivar em nós a gratidão. Nosso coração, de si mesmo, não tem gratidão. Temos de cultivá-la, agradecendo tudo, tudo, tudo. Viver em contínua ação de graças, não só a Deus, mas aos irmãos também, porque, na realidade, não somos nada, não merecemos nada. Se alguma coisa somos, é a graça de Deus em nós. Se alguma coisa temos, recebemos de Deus e dos irmãos, pelo efeito da graça de Deus neles e em nós. Se nosso Deus move o coração do irmão a dar-nos alguma coisa, a nos dar amizade, amor, a nos falar de alguma maneira, a nos corrigir, temos que agradecer, porque é a ação de Deus nele, porque vivemos num mundo de graças.

Tudo é graça neste mundo. Um amor de amizade, que nos faz entreter-nos com confiança, abraçar interesses desse maior Amigo que é Deus, procurar a sua glória, fazer conhecido seu santo Nome, um amigo em que a gente confia, mas um amigo também que a gente defende, que a gente procura fazer conhecido. Um amor, uma amizade assim, cheia de admiração por esse amigo divino em nós. Um amor generoso, que se esquece de si mesmo, e vai até o sacrifício. *Ninguém tem maior amor do que aquele que dá a vida por seu amigo*, diz Jesus. Um amor generoso até renunciar à vontade própria para seguir a vontade de Deus. Renunciar às satisfações de seus próprios desejos para agradar a Deus, viver em adoração e no amor. Nessa adoração e nesse amor, somos levados, pelo impulso do Espírito Santo, a imitar essa pessoa que adoramos e amamos, a nos conformar a ela.

> *Senhor nosso Deus, vós vindes a nós neste momento, com a delicadeza e a riqueza de vosso coração, a encher de suavidade a nossa vida, da ternura do vosso amor, a nos seduzir para que vos sigamos e deixemos todos os caminhos que vos desagradam, para vivermos cada vez mais agradáveis a vós, semelhantes a vosso Filho Jesus, nosso Senhor. Nós vos pedimos que realizeis em nós o vosso plano, e através de nós, pela ação de vosso Espírito Santo, e que este dia que começa se passe totalmente na realização de vosso plano em nós, em nossa transformação interior, para que possamos conhecer-vos, amar-vos e imitar-vos, como vós quereis.*
>
> Muito obrigado, Pai.
>
> Glória a vós, Senhor.

Capítulo 10

Um organismo sobrenatural

Senhor Jesus, vós nos criastes e nos remistes para ser vossos, viver para vós, morrer para vós, em tudo ser vossos, tudo fazer em vosso santo nome, ser vossos embaixadores, vossos ministros e vossos amigos.

Vós nos elevais a essa condição tão maravilhosa de ser guiados pelo vosso Espírito e transformados por ele em filhos bem-amados do Pai Eterno, vossos irmãos e vossos co-herdeiros.

Podemos apenas estar em silêncio diante de vós, a vos louvar e bendizer e agradecer todas as coisas, e fazer tudo que quereis, em total obediência, porque vós sois nosso Deus e nosso tudo.

Muito obrigado, Senhor!

Glória a vós, Senhor!

Estivemos vendo tudo o que a Santíssima Trindade faz por nós e em nós, e qual o nosso dever de retribuição, o que nos compete fazer diante de tanta bondade, generosidade e tudo o mais que a gente não pode nem expressar em palavras. E vimos que devemos adorar essa Trindade Santíssima, esse nosso Deus, tão digno de louvor e de glória, e amá-lo com amor confiante, um amor também penitente por causa das nossas infidelidades, um amor cheio de gratidão, um amor cheio de amizade, um amor de entrega total, um amor generoso. Só nos resta, depois disso, imitá-la.

Esse amor nos leva à imitação da Santíssima Trindade, na medida em que é compatível com a nossa fraqueza humana. Somos feitos filhos adotivos, filhos de um Pai infinitamente santo, templos vivos do Espírito Santo. Na medida em que compreendemos isso, vamos percebendo como devemos viver, qual a dignidade nossa e a que excelência de vida fomos chamados. É aquilo que São Paulo diz na **Primeira aos Coríntios 3,16-17**: *"Não sabeis que sois templos de Deus e que o Espírito de Deus habita em vós? Se alguém, pois, violar o templo de Deus, Deus o destruirá; porque o templo de Deus é santo, e esse templo sois vós"*.

Temos este tesouro em vasos de barro, segundo ele diz, mas, ao mesmo tempo, Deus vela por nós. Ele nos trata como a pupila de seus olhos. Por isso, toda essa violência que anda por aí, todo esse desrespeito da pessoa humana agride a Deus. Agride a Deus! Agride o amor de Deus. Agride o que Deus tem de mais precioso, que somos nós.

Em **Gênesis**, Deus fala a Noé, dizendo: *"Estou enfarado desse povo! Não quero mais saber dele. Estou arrependido de os ter criado, por causa de toda essa violência que enche a terra"* **(6,13)**. No tempo de Noé, decerto não havia 5 bilhões de pessoas na Terra, e Deus já estava enfarado dessa violência; imaginem hoje! O que é que está retendo a ira de Deus, diante da violência com que são tratados os seus filhos? Nossa Senhora diz: *"Estou achando difícil segurar o braço de meu Filho"*! E pede, então, que rezemos; intercessão, muita intercessão! Intercessão por aqueles que não crêem; mas intercessão, também, por aqueles que crêem, porém não agem conforme a sua fé. Devemos dedicar mais tempo, intercedendo por eles, mais tempo consolando o coração de Deus, e mais tempo esforçando-nos, com Nossa Senhora, para que não sejam destruídos — ou pelo menos seja diminuído seu número — diante da ira de Deus, cujos sinais já estamos vendo. Somos a pupila de seus olhos. Templos dele! *"E quem destrói o templo de Deus, Deus o destruirá"* (1Cor 3,17). É uma palavra forte da Sagrada Escritura. Convinha que pensássemos um pouco nisso também.

A experiência prova que não há, para aqueles que se dão a Deus, motivo mais poderoso do que esse, de se saber pupila dos olhos dele, templos dele, para desviar do mal e levar à santidade e à prática das virtudes.

De fato, precisamos continuamente, todos os dias, purificar este templo de Deus que somos nós, adornar este templo de Deus que somos, para que sejamos amor, como ele é Amor. O templo dele deve participar da sua natureza, e toda violência, agressividade maligna, ímpetos de destruição, todas as obras da carne, devem desaparecer deste templo que somos. Diante dessa realidade, vejam a que fica reduzido tudo o que o mundo nos oferece! E o mundo nos oferece muita coisa, muita coisa agradável, muita coisa sedutora. Mas nada pode igualar aquilo que já temos da mão de Deus!

Eu fico pensando naquele prato de lentilhas pelo qual Esaú trocou o seu direito de primogenitura. Muita gente conhecemos, que troca por um prato de lentilhas, que o mundo lhe dá, o seu direito de primogenitura, o seu direito de ser filho de Deus e de gozar da presença e dos bens do Pai.

Além disso, quando Jesus nos quer propor um ideal de perfeição, vai buscar esse ideal, esse modelo justamente na Santíssima Trindade. Ele diz: *"Sede, pois, perfeitos, como vosso Pai celestial é perfeito"* **(Mt 5,48)**. É o nosso modelo, o Pai.

À primeira vista, as pessoas chegam diante desse texto, dessa palavra de Jesus e dizem: "Como é que podemos ser perfeitos, como o Pai celestial é perfeito?" Entretanto, é preciso lembrar: quando alguém faz essa pergunta, decerto não está se recordando, está se esquecendo, ou ignora que nascemos de novo desse Pai, pelo Espírito Santo. Passamos a ser seus filhos adotivos de uma maneira real, participantes de sua natureza, de uma maneira limitada mas real, e seus herdeiros também. Ele imprime em nós a sua imagem e colabora com a nossa santificação.

Portanto, quando Jesus diz: *"Sede, pois, perfeitos, como o vosso Pai celestial é perfeito"*, não está exigindo, nem sugerindo nada de excessivo. Está apenas dizendo que é uma questão de decência. Se tudo recebemos dele com esta finalidade, devemos aplicar-nos a alcançá-la. É como diz o francês: *noblesse oblige*.

É uma questão de decência interior, de nobreza interior, ser e agir como o Pai quer, porque dele recebemos tudo para isto. Nada nos falta para isto. Por isso, temos que cultivar a gratidão. Ter um coração grato, reconhecido. Saber que não merecemos nada! Tudo o que temos e recebemos, recebemos do Pai, através dos irmãos, em primeiro lugar. Ele se compraz, se alegra em nos dar coisas através dos irmãos, para que o nosso coração fique grato: gratos a ele e gratos aos irmãos que obedeceram ao impulso que colocou em seus corações.

Quando coisas difíceis acontecerem através dos irmãos, também devemos ser gratos a eles. Porque, se o Pai permitiu que elas nos chegassem através deles, foi para que pudéssemos exercer as virtudes que já colocara em nós, para podermos agir nessas situações como seus filhos. Então, agradeçamos aos irmãos.

Devemos ser gratos ao irmão através do qual nos vêm coisas difíceis, como a um treinador que nos treina numa corrida ou no box ou em qualquer esporte. Ele nos faz cansar, nos provoca dores, nos faz ir além daquilo que pensamos que podemos ir, na paciência, por exemplo, mas é assim que nos treina, é assim que vamos ficando um craque naquele esporte!

Nosso Deus nos treina muito na prática de esportes, nos quais ele gosta de nos ver peritos e expoentes; por exemplo, nesse esporte que ele até parece apreciar muito: o de "engolir sapos". E nos treina nisto, para desenvolvermos as virtudes que nos dá! Ele nos dá uma porção de virtudes maravilhosas, mas, se não nos dispomos a exercê-las, se atrofiam. Ele nos coloca em situações imprevistas, inesperadas, que exigem de nós o exercício de algumas dessas virtudes.

Portanto, quando Jesus diz: *"Sede perfeitos, como vosso Pai celestial é perfeito... ele faz chover sobre bons e maus... que o vosso amor se estenda sobre amigos e inimigos"* (**cf. Mt 5,43-48**), é porque temos essa capacidade; devemos exercê-la, como obrigação de gratidão e de amor que devemos ter para com ele.

É assim que vamos nos aproximando incessantemente das perfeições divinas! É muito bonito! Ficam sempre, porém, alguns espinhos na carne, como diz São Paulo, para impedir que nos ensoberbeçamos por causa dessas perfeições que existem em nós. Existem já, nesse momento, em cada um de nós, muitas perfeições divinas pela ação do Espírito Santo.

O Senhor permite que permaneçam pontos frágeis, espinhos na carne, para que sejamos realmente humildes e saibamos que só por graça dele é que foram superadas outras dificuldades, outros espinhos na carne que tínhamos, e que agora não temos mais. Os espinhos ainda existentes nos lembram que outros foram extintos pela graça de Deus, e que o Senhor nos curou muito e nos libertou muito! As coisas que ainda permanecem nos fazem lembrar das curas anteriores e nos mantêm na humildade, sabendo que nenhuma delas fomos nós que fizemos. Foi o Senhor. E quando ele achar bom, esses espinhos desaparecerão também! Como ele diz a São Paulo: *"Basta-te a minha graça"* (**2Cor 12,9**).

E é quando crescemos mais ainda nessa convicção interior de que nos basta a graça de Deus, e tudo o mais é conseqüência, que entramos numa vida de tranqüilidade, numa vida de paz, como uma criança que se encolhe nos braços do Pai e ali descansa.

Jesus nos lembra esse amor, e nos pede e manda que o pratiquemos entre nós: o amor fraterno. Um amor de dedicação, um amor generoso, um amor de gratidão, um amor de amizade, essas qualidades de amor. Amor penitente também, pois quantas vezes nos ferimos uns aos outros! Todo esse amor que dirigimos a Deus, devemos dirigi-lo também aos irmãos. Amor penitente, pelas vezes que ferimos os outros, mesmo sem querer! Amor de amizade, amor de gratidão. Amor generoso, a ponto de dar a vida pelos irmãos!

Jesus quer que tenhamos esse amor entre nós, e, mesmo para esse amor fraterno, essa união que deve haver entre nós, ele nos dá um modelo em **João 17,21**, o da Santíssima Trindade. Diz assim: *"Eu te peço que eles sejam todos um, como tu, Pai, o és em mim e eu em ti; que eles também sejam um em nós. Como tu, Pai, em mim e eu em ti, eles sejam um em nós".*

Basta uma palavra dessas de Jesus para nos mergulhar num infinito de gratidão, de admiração, de aniquilamento, de entrega, de tudo diante de Deus! Porque ele nos iguala a ele, dizendo: *"assim como tu em mim",* dessa mesma maneira, sem diferença nenhuma. *"...e eu em ti, assim eles em nós".* Sem diferença nenhuma! Que nós sejamos um no Pai e no Filho, da mesma maneira como o Pai é no Filho, e o Filho é no Pai, assim nós neles!

Já é uma altitude em que nos começa a faltar o ar. Tanto nos ama Deus! Desse versículo poderíamos fazer uma oração diária, assim: "Pai, como Jesus é em ti e tu nele, assim nós, nossa família, nossos irmãos, nossa comunidade, sejamos um em vós" — oração diária! Muito eficaz, porque são as próprias palavras de Jesus! Como nos ensinou o Pai-nosso, ele aqui nos ensina uma oração para a nossa unidade:

João 17,21. São Paulo vive essa oração. Suplica aos seus discípulos que não esqueçam de que, sendo, como de fato são, um só corpo e um só espírito, e não tendo senão um único e mesmo Pai que habita em todos os justos, devem *"conservar a unidade do Espírito, pelo vínculo da paz"* (Ef 4,3-6).

Na santa Missa, também, o padre, depois do Pai-nosso, reza uma oração assim: *"que o Espírito Santo faça de nós um só corpo e um só espírito"*. Mas quem é que presta atenção na Missa? Cada um fica envolvido nos seus próprios pensamentos e nem sabe que, aquela oração, o padre a está dizendo por toda a assembléia. Por isso, cada um a deveria fazer sua: "Que ele faça de nós um só corpo e um só espírito. E sendo um só corpo e um só espírito, tendo um único Pai que habita em todos, conservemos a unidade do Espírito pelo vínculo da paz".

Então, essa é a nossa vida, a vida em que somos mergulhados pelo Espírito Santo, a vida em Cristo. Ela é, antes de tudo, pois, união íntima, afetuosa e santificante com as três Pessoas divinas, que nos conserva no amor, na gratidão, no sacrifício. Esta é a vida que o Espírito Santo nos confere, e que vivemos em Cristo Jesus, sua própria vida, na qual nos admite para que passemos a viver também no poder do Espírito Santo.

Vocês vêem que essa vida não pode ser vivida em nossa natureza humana apenas. A nossa natureza humana, como tal, é incapaz de uma união íntima com as três Pessoas divinas. Só sabemos que em Deus há três Pessoas por revelação dele. A natureza humana é incapaz de ir além de saber que há um criador para todas as coisas, e que todas as coisas foram criadas. De maneira natural, como lembra São Paulo, na **Epístola aos Romanos (1,20)**, temos indícios suficientes para chegar à conclusão de que há um Deus que fez todas essas coisas, que nos fez, portanto. Ir além disso, e saber que no Deus Criador há três Pessoas, é impossível para a simples natureza humana. É por revelação de Deus em Jesus, que o sabemos.

Jesus é Deus se revelando a si mesmo. Jesus é a auto-revelação de Deus. E nos revela que no Deus único há três Pessoas. Saber isto já está além da nossa natureza: saber isto! Quanto mais ter uma união íntima com cada uma das três Pessoas divinas! Quanto mais ter uma união afetuosa, amorosa, santificante, com elas! União que nos conserva no amor, na gratidão, no sacrifício, coisas impossíveis para a simples natureza humana.

Os cristãos, em geral, pensam que qualquer um pode viver no amor, qualquer um pode viver na gratidão, qualquer um pode viver no sacrifício! Essa ilusão provém do fato de serem batizados e viverem no Espírito Santo. Como o Espírito Santo coloca neles qualidades que passam a existir no seu dia-a-dia, acham que essas qualidades são naturais; mas não são. A natureza humana, decaída, sozinha, é incapaz delas.

Quem está longe de Deus, e não quer saber de Deus, é incapaz — incapaz! — de compreender ou de entender as pessoas que nele vivem e, se um conhecido, um amigo, um companheiro é tocado pela graça de Deus e se converte, e passa a viver essa realidade nova, aquela pessoa já o desconhece, já não vai entender aquele que antes era seu amigo. E vai dizer: "Ah! já não é meu amigo, mudou muito!" Só que mudou para melhor e, agora, pode ser muito mais amigo dela do que antes, mas ela não entende isso; por que? Porque ultrapassa seu entendimento. De forma que, quando formos falar com alguém assim, temos que rezar antes, pedindo ao Espírito Santo que tenha compaixão e dê a essa pessoa a graça da conversão e de entender as coisas de Deus.

Por ser a natureza humana incapaz, por si só, de viver essa realidade da vida cristã, o Senhor nosso Deus nos dá um organismo novo, um organismo sobrenatural, capaz de vivê-la. Quando a criança nasce, saindo do seio da mãe, tem um organismo capaz de viver a vida humana. Ela vive a vida humana, porque tem um organismo capaz disto.

Para nascer de Deus, para viver a vida de Deus, a vida cristã, a vida em Cristo Jesus, necessitamos, também, de um organismo capaz de viver essa vida. Não vamos poder viver a vida de Deus, a vida em Cristo Jesus, a vida no Espírito, com o organismo que recebemos para viver a vida da natureza humana, porque é incapaz disto. Temos que ter um organismo adequado a viver essa vida nova, que não é a vida humana, não é a vida da natureza humana.

É a vida divina, dentro da natureza humana! Vida nova, vida divina que não podemos viver com a nossa natureza humana apenas! Então, ao nascermos de novo, ganhamos de Deus um outro organismo, que não destrói o natural, mas o eleva, para que possa praticar os atos necessários, os atos próprios, adequados a essa vida nova.

É como a Nova Aliança que Jesus veio fazer conosco no seu sangue. Deus fizera com o povo eleito uma aliança. Essa aliança perdurou até Jesus, que não veio revogá-la, mas trazer elementos que levariam aquela aliança antiga à sua perfeição, em que ela poderia funcionar em novos termos...

A aliança antiga preparava o povo para a nova revelação que veio em Cristo Jesus. A perfeição da lei, diz a Escritura, é o amor. Quer dizer, o amor faltava, porque eram ainda incapazes de vivê-lo. Por que incapazes de viver esse amor? Porque Jesus não tinha ainda morrido, e a natureza humana não tinha ainda sido reconciliada com Deus e de novo tornada capaz de obedecer a Deus.

Com Jesus isto se torna possível, e o povo da antiga aliança que passa a crer em Jesus, recebe essas coisas novas que o tornam capaz de viver em plenitude a Lei e os Profetas na Nova Aliança. E é o amor, a perfeição da Lei!

Aqui, também, nós, enquanto vivemos no regime antigo, somos incapazes de viver o regime renovado. Por isso Jesus disse: *"ouvistes o que foi dito aos antigos"* **(Mt 5,21.27.33.38.43)**; os antigos são aqueles que não têm esse organismo de vida sobrenatural. Não têm esse organismo que os torna capazes de viver da maneira nova.

Aos que são capazes de viver da maneira nova, Jesus diz: "Ouvistes o que foi dito aos antigos... Eu porém, vos digo : nada disto! *sede perfeitos, como vosso Pai celeste é perfeito"*. Por que perfeitos? Por que como o Pai celeste é perfeito? Porque temos capacidade para isso. Já nos foi dada!

Esse organismo sobrenatural nos é dado, e as três Pessoas divinas em nós habitam e se comprazem em adornar-nos com suas graças, bênçãos e dons. Já viram uma mãe coruja? Lá está a filhinha, toda engraçadinha. A mãe passa por uma loja, e diz: "Ah, imagina: esta fitinha vai ficar uma gracinha na minha filhinha!" Compra a fita, vai lá, faz da fitinha um lacinho no cabelinho da filhinha, que fica uma gracinha! Olha, depois, e diz: "Mas como isso fica uma gracinha na minha filhinha!" E chama as vizinhas, e diz: "Vejam, não está uma gracinha a minha filhinha?"

Assim, Deus! Ele se compraz em ir nos adornando, em ir nos enfeitando. E faz isso para se alegrar e nos alegrar. Para a sua própria glória! Quanto mais engraçadinhos ficarmos, mais glória para Deus, porque seríamos incapazes de ficar engraçadinhos por nós mesmos!

Ele nos enriquece, pois, de dons sobrenaturais, e nos comunicam, as três Pessoas, uma participação de sua vida, que em nós se chama a vida da graça; uma vida que nos transforma, para sermos filhos de Deus.

Em qualquer vida, há três elementos: o *princípio vital*, as *faculdades*, e os *atos* correspondentes.

O *princípio vital* é a fonte da vida. As *faculdades* permitem que esse organismo vivo exerça, faça, produza atos vitais. Os *atos* são, então, realizados mediante essas qualificações anteriores. São produtos destas faculdades e daquele princípio vital, e contribuem para o crescimento do organismo.

Na ordem sobrenatural, nesse organismo sobrenatural que Deus forma em nós, existem também estes três elementos.

O **princípio vital** se chama graça habitual. É a fonte da vida divina em nós.

As **faculdades** são virtudes, energias, forças, poderes que nos capacitam para os atos sobrenaturais, e podem ser:
    a) virtudes infusas
    b) dons do Espírito Santo.

Os **atos** sobrenaturais, ou deiformes, são possibilitados pela *graça habitual*, mediante *graças atuais* que impulsionam as virtudes infusas e os dons do Espírito Santo para produzi-los.

A graça habitual

A graça habitual desempenha no organismo sobrenatural o papel do princípio vital. Ela diviniza, por assim dizer, a própria substância do nosso ser e, desde agora, vai nos capacitando para que possamos, posteriormente, ver Deus face a face. É esse princípio vital, que nos dá a força da vida para que exerçamos essa nossa destinação eterna, e vivamos de acordo com ela. Dessa graça derivam, pois, como princípio vital que é, faculdades adequadas à vida sobrenatural que esse princípio vital dá ao nosso ser. Da mesma maneira como, no homem, o princípio vital da natureza humana nos dá faculdades que nos capacitam para uma vida humana, como a inteligência, vontade, imaginação, a fala, a graça habitual nos dá o que nós chamamos de **virtudes infusas** e **dons do Espírito Santo.** *Virtus*, em latim, é energia, força, poder.

Virtude é uma qualidade, uma capacitação para o ato. É uma energia que nos faz capazes de um ato. Um ato correspondente ao tipo dessa energia. A virtude é, pois, uma força, em nós, que nos torna capazes de produzir atos adequados a ela. Mediante a virtude da prudência, por exemplo, fazemos atos de prudência, e, assim, com as outras virtudes.

A graça habitual, portanto, por ser princípio vital sobrenatural, nos dá virtudes que não são naturais, não são da natureza humana. São-nos *infusas*. Elas nos vêm do alto.É como Jesus diz: *"sereis revestidos do poder do alto"* **(Lc 24,49)**. Assim, a virtude infusa, como qualidade sobrenatural, é um poder que nos vem do alto, é-nos infundida por Deus.

As **virtudes infusas** e os **dons do Espírito Santo** aperfeiçoam nossas faculdades naturais e nos dão poder de praticar atos deiformes: atos no poder de Deus. Atos sobrenaturais, que produzem efeito sobrenatural e de vida eterna.

Essas energias, essas virtudes, essas faculdades novas são como que postas em movimento, impulsionadas pelas **graças atuais** que Deus nos dá.

As graças atuais são impulsos de Deus. Iluminam nossa inteligência, fortificam a vontade, e nos levam e ajudam a praticar aqueles atos deiformes, sobrenaturais.

Temos aí, pois, o nosso organismo sobrenatural.

Pai Santo, nós vos louvamos e bendizemos e vos agradecemos todo o vosso plano de amor para conosco, e a realização desse plano em Jesus, no Espírito Santo.

Queremos que tudo o que tendes para nós se realize, e que todas as coisas que não quereis que em nós existam deixem de existir, que em nós tudo seja vosso; que sejais o princípal em nós. Que vivamos da vossa vida, e que na nossa fraqueza o vosso poder se manifeste. Que não sejamos mais nós a viver, mas Cristo a viver em nós, como quereis. Muito obrigado, Pai.

Nós vos pedimos que abençoeis o nosso dia. Que afasteis de nós toda enfermidade, toda violência, todo ataque do mal, e que sejamos guiados a cada passo pelo vosso Espírito Santo.

Muito obrigado, Senhor.

Glória a vós, Senhor!

Amém!

Capítulo 11

Lugar de Delícias

Senhor, nós vos louvamos e bendizemos, porque sois nosso Deus e nos chamais a viver a vossa vida, a estar convosco, a abraçar os vossos interesses e não os nossos próprios, nem os do mundo; a fazer a vossa propaganda e não a dos homens, a militar convosco e não com divisões. Vós nos chamais a viver guiados pelo vosso Espírito e não por nós mesmos. Morrestes por nós, para que fôssemos vossos, e nos chamais a uma vida nova, a uma maneira nova de ser, a uma maneira nova de agir, a uma maneira nova de pensar, a uma maneira nova de sentir, que o vosso Espírito Santo nos dá. E, assim, vos pedimos que o vosso plano de amor se realize em nós em sua plenitude, conforme quereis, e que deixemos de claudicar das duas pernas, para que caminhemos nesse caminho reto, que é o vosso, com aquele alimento que destes a Elias para que caminhasse até o Monte Horeb.

Muito obrigado, Senhor.

Estávamos vendo que as três Pessoas divinas que habitam dentro de nós, em nosso ser, em nosso íntimo, nos enriquecem, nos enfeitam com muito encanto, vão nos embelezando cada vez mais e vão se encantando cada vez mais conosco. Como a mãe que vai enfeitando o filho, ou a filha, e vai se encantando cada vez mais com ela, assim é a Santíssima Trindade conosco; vai nos adornando, nos embelezando, botando um lacinho de fita aqui, uma roupinha ali, e nos fazendo cada vez mais agradáveis, mais lindos aos seus próprios olhos. E nós não vemos essas coisas porque não é chegado o tempo, mas já existem em nós.

Para vivermos essa vida nova, essa vida em Deus, no Reino, é necessário que nasçamos de novo, como diz Jesus, e esse nascer de novo implica em que tenhamos um organismo novo, adequado a estas novas condições de vida. Porque este nosso organismo humano é adequado à vida neste mundo, a respirar esse ar, a agir neste mundo com a inteligência, com os sentidos, com a vontade, as iniciativas, a imaginação, e transformá-lo.

Mas não podemos, por exemplo, entrar no mar, assim, como estamos, e ir lá no fundo do mar e viver lá, porque não temos condições para esse tipo de vida. Seria necessário, para isso, ter guelras como peixes, ou, então, ser o "homem submarino". Mas não somos homens submarinos! Da mesma maneira, para viver nesse nível de vida eterna, que não é humano e está acima de nossa natureza, é preciso que tenhamos "guelras", isto é, um organismo adequado a essa vida nova que nos é dada, e esse organismo nos capacita a viver a vida em nível de Deus, participando da natureza divina, vivendo realmente no Reino de Deus, sendo guiados, ensinados pelo Espírito Santo, obedientes a ele.

Assim, somos chamados a aprender a viver com esse novo organismo, nessa nova vida, e a não pretender viver no Reino à maneira do mundo. Não podemos viver, no Reino, à maneira do mundo.

Em **Gálatas 5,19** lemos que obras da carne são partidos, dissensões, divisões. E é isto o que o mundo faz. Experimentamos isso nas eleições e na propaganda correspondente, em que pessoas são jogadas umas contra as outras. Isto é obra da carne: partidos, dissensões, divisões.

No Reino, vivemos segundo o Reino. Somos chamados a não viver mais segundo o mundo, segundo a carne, e sim, como diz São Paulo, em **Romanos 8,13** a mortificarmos, pelo Espírito Santo, os atos da carne, quer dizer, dominar os impulsos todos que levam a essas obras da carne. São Paulo é muito incisivo nisso, e fala muito sério quando diz: *"eu já vos adverti e vos advirto outra vez: quem faz essas coisas não pode herdar o Reino de Deus"* (Gl 5,21). Por que? Porque vive à maneira do mundo, e, vivendo à maneira do mundo, não pode viver no Reino.

É como aquela parábola das bodas. O anfitrião vê alguém não vestido adequadamente, chega-se a ele e diz: "Mas, vem cá; você está aqui sem a veste nupcial, que negócio é este?" (**cf. Mt 22,12**).

Não funciona.

Temos um organismo para viver essa vida nova. Esse organismo, nós vimos, como todo organismo, tem um princípio vital, faculdades e os atos por elas produzidos. As faculdades são derivadas do princípio vital.

No nosso organismo sobrenatural, o princípio vital é a graça habitual, que é permanente em nós; por isso, chama-se habitual. Ela desempenha esse papel de princípio vital sobrenatural e diviniza a própria substância da nossa alma e nos torna aptos, preparados, para viver a vida em Deus. Podemos, a partir disso, ter a visão beatífica e praticar os atos que preparam a visão beatífica, quer dizer, a visão de Deus face a face. Vimos que na Escritura está escrito que *"assim como ele é, assim somos nós nesse mundo"* (**1Jo 4,17**), e o que nos faz nesse mundo como ele é, é a graça habitual.

Dessa graça derivam — como do princípio vital derivam faculdades — dessa graça derivam virtudes infusas. As virtudes infusas são como faculdades, aquelas capacidades de se fazer alguma coisa. *Virtude* quer dizer energia, poder, e essas virtudes, com os dons do Espírito Santo, aperfeiçoam as nossas faculdades naturais e nos dão poder imediato de praticar atos em nível de vida eterna, atos em nível de vida divina, atos que se chamam deiformes, que são sobrenaturais e produzem efeitos de vida eterna.

Para pôr em movimento nossas faculdades naturais, para pô-las em movimento e praticar os atos, temos os impulsos da vontade. A vontade é a faculdade que nos impulsiona a praticar atos humanos, adequados à nossa natureza. Se, por exemplo, estou com sede, posso exercer a minha vontade e decidir: "não vou beber água agora". Quer dizer, não é o fato de eu estar com sede que me faz ir beber água automaticamente. É a minha vontade que vai determinar, me mover para eu ir beber água ou não.

No nosso organismo sobrenatural temos o que se chama de *graças atuais*, que são os impulsos do Espírito Santo, que movem as faculdades, as virtudes infusas e os dons do Espírito Santo a produzir em nós os atos que chamamos de deiformes, porque são atos como de Deus.

Então, nosso organismo sobrenatural realmente assume a nossa natureza e a eleva, sobrenaturalizando-a, divinizando-a, e passamos a poder agir, não mais em nível de natureza humana apenas, mas também em nível de natureza divina, de vida eterna. É por isso que podemos viver essa vida de Deus, essa vida nova, essa vida de ressuscitados aqui na terra; porque temos esse organismo sobrenatural que o Espírito Santo nos dá. E é por isso que Jesus diz que *"quem não nascer do Espírito Santo, quem não nascer da água e do Espírito, quem não nascer do alto não pode entrar no Reino de Deus, não pode ver o Reino de Deus"* **(cf. Jo 3,3-5)**, porque não dispõe de todo esse organismo que nos possibilita entrar no Reino, viver no Reino e agir conforme o Reino.

Evidentemente somos chamados a isso, isso nos é dado de graça, por isso se chamam graças. É um organismo poderosíssimo que nos dado, mas temos o triste privilégio de poder recusar-nos a agir nesse nível, para apenas agir em nível da carne, fazendo propaganda de partidos e causando divisões e separando as pessoas, contrariamente ao que Jesus pede ao Pai: *"Pai, quero que, como nós somos um, todos eles sejam um como nós"* (Jo 17,22).

A vida da graça, então, embora diferente da vida natural, não lhe é sobreposta, mas a compenetra, como aquele texto tão lindo do **Livro da Sabedoria (7,22-30)**, que diz que a Sabedoria é diáfana, sutil, tudo penetra; *"assim é todo aquele que nasce do Espírito"* (Jo 3,8). Esse organismo sobrenatural nos é dado pelo Espírito Santo, um organismo sutil, diáfano, que penetra toda a nossa natureza humana, e somos inundados pelo Espírito Santo, mergulhados no Espírito Santo, batizados no Espírito Santo.

O que é ser batizado no Espírito Santo? Agora vocês podem dar um passinho mais, para entender o que é o Batismo no Espírito Santo. É esse organismo sobrenatural passar a comandar o organismo natural. Ele penetra tudo; concordamos com o plano de Deus, aceitamos que o Espírito Santo aja em nós, aceitamos esse organismo espiritual e dizemos que queremos agir em seu nível e não mais apenas em nível de natureza humana.

Este organismo sobrenatural penetra todo o nosso ser, e nos torna capazes de viver segundo o Espírito, de estar em contato direto com ele, de receber suas moções, seus influxos. Nesse nível, dá-se também o que se chama de *repouso no Espírito*, em que as nossas faculdades, o princípio vital mesmo da nossa natureza humana, é penetrado e dominado pelo nosso organismo sobrenatural vivificado pelo Espírito Santo. Como a natureza humana é incapaz de suportar toda essa poderosa presença nova, repousa no Espírito Santo.

Evidentemente, como ocorre com todos os outros dons do Espírito Santo, há sempre o perigo de abusos quanto ao *re-*

pouso no Espírito. Sentimentalismo, imitação, vontade de aparecer, podem levar a uma banalização da maravilhosa ação do Espírito Santo. As delicadezas do amor de Deus, que nos são concedidas em nossa vida mística, são discretas, reservadas, e nos deixam recolhidos numa humildade cheia de gratidão.

Por outro lado, sempre podemos exercer a nossa vontade, resistir, não querer e impedir. Temos medo de Deus, muitas vezes, e não queremos sair do caminho trilhado e conhecido para aventurar-nos por caminhos desconhecidos, que não sabemos onde vão nos levar.

Neste caso, em vez de nos abrirmos à novidade da vida, preferimos deter-nos nos caminhos conhecidos, e permanecemos atados. Por isso, é preciso, realmente, da parte de Deus, todo esse tratamento de amor, de sedução, que vai nos fazendo, para que possamos ir tendo confiança nele, e afinal nos abrir, abandonando as nossas muletas para caminhar. Como aquele paralítico a quem Jesus diz: *"Levanta-te e anda! Pega o teu leito e vai embora"* (**cf. Lc 5,24**). Não fica mais preso a esse leito! Muitas vezes, nos atemos aos caminhos trilhados e nos deitamos ali como se fosse o único leito possível! E ficamos paralisados em cima dele.

É como aquele que colheu muito na sua vida, e disse: "Bom, eu agora não tenho mais nada que fazer, vou buscar é sombra e água fresca! Armar minha rede ali, nos dois coqueiros, deitar ali, e passar a tomar minha aguinha de coco gelada! Mais nada!" (**cf. Lc 12,19**). O homem se instala num tipo de coisa, e o Espírito Santo justamente é o desinstalador, o Espírito da novidade, o Espírito que nos leva adiante, nos desinstala.

Não podemos ficar parados quando se trata do Reino de Deus! Temos que abandonar tudo, as nossas instalações, as nossas opiniões, os nossos critérios humanos, para abrir-nos à vida de Deus, que é infinitamente mais ampla. Não podemos restringir toda essa atividade do nosso organismo sobrenatural às nossas pequenas, minguadas, acanhadas faculdades humanas, que só nos servem para viver o dia-a-dia nesta terra e conhecer alguma coisinha dessa natureza criada.

Jesus diz:

— "Lázaro, vem para fora!"

— "Ele está todo atado!"

— "Então, desatai-o, para ele poder caminhar" (cf. Jo 11,39-44).

Nós também temos que nos desatar, ser desatados, para poder viver essa vida de ressuscitados que já temos. Que já temos!

De forma que essa vida sobrenatural penetra, compenetra, passa através de toda a nossa natureza humana e a transforma e diviniza. Um dos efeitos da vida da graça, aqui, é divinizar, também, os nossos corpos. Daí, muitas vezes as pessoas olham, hoje ainda — e não só na vida dos santos — e vêem a outra pessoa iluminada. Dizem, na vida dos santos, que a face deles resplandecia como o sol. Os judeus olhavam para Moisés, e não podiam suportar o brilho de sua face! Teve que botar um saco na cabeça para o povo não ficar assustado com aquele brilho. E São Paulo diz: *"Se isso foi no tempo da Lei, imagina agora, no tempo da graça!"* (cf. 2Cor 2,7-11). Como brilha a nossa face! Só que ninguém vê!

Esse organismo assimila tudo o que há de bom na nossa natureza, na nossa experiência de vida: a educação, os hábitos adquiridos, tudo o que é bom, que já vivemos, experimentamos e conhecemos, tudo isso a graça assume, aperfeiçoa e sobrenaturaliza. Ela vai polarizar todos esses elementos da nossa natureza e da nossa experiência de vida, polariza em função da posse de Deus, para podermos apreender Deus e contemplá-lo face a face. O que ela faz, então, é transformar tudo isso de tal maneira que sejamos como Jesus: *"Sabemos que, assim como ele é, assim somos nós neste mundo"* (1

Jo 4,17). Neste mundo! Assim como ele é, agora, no céu, assim somos nós neste mundo!

Esse organismo, feito pelo Espírito Santo, é um organismo de amor, porque o Espírito Santo é o Espírito de Amor. É o Espírito de Sabedoria. É um organismo de sabedoria, de paz! Desta forma, nosso organismo sobrenatural funciona de tal maneira que esses atos deiformes traduzem os frutos do Espírito.

Deus, habitando em nós, é a pessoa principal — nós não somos a pessoa principal, a pessoa principal é ele; é ele quem está no Trono. Vocês se lembram do Seminário de Vida no Espírito: "Quem está no Trono, é você ou Jesus?" Deus é a pessoa principal em nós. Não somos a pessoa principal. É preciso que ele cresça e que nós diminuamos: o nosso eu, os nossos desejos, as nossas vontades, as nossas veleidades, as nossas opiniões, as nossas convicções, tudo isso ceda àquele que está sentado no Trono, que é nosso Deus.

Ele é a pessoa principal, e o organismo sobrenatural de que somos dotados quando nascemos de novo, também nos é dado para ser o principal, porque a carne não vai herdar o Reino de Deus! Só aqueles que nasceram de novo, que possuem esse organismo, é que herdam o Reino de Deus. De forma que esse organismo é o principal. Sua vida é a principal. O fruto do Espírito é o principal, e não as obras da carne. O que são as obras da carne? Divisões, dissensões, ciúmes, invejas... *Os frutos do Espírito são: amor, alegria, paz, longanimidade, afabilidade, bondade, fé, mansidão, autodomínio* **(Gl 5,22).**

Portanto, é a essa vida sobrenatural que compete dirigir a nossa vida natural, e não o inverso, em virtude mesmo desse princípio geral da criação, segundo o qual o inferior deve servir ao superior. Princípio geral na natureza: as bactérias, depois os microrganismos, depois as plantas, os animais, depois o homem. Um serve ao outro. O inferior, ao superior. Assim também quanto à vida sobrenatural. A nossa vida natural, nosso organismo natural, deve servir à nossa vida sobrenatural, ao nosso organismo sobrenatural, que lhe é muitíssimo superior.

E se não quisermos, se resistirmos, preferirmos ter a nossa personalidade, afirmar a nossa experiência de vida, o nosso conhecimento, o que vai acontecer? Tudo aquilo que, no nosso organismo, não exerce a sua função, vai amolecendo, desaparecendo. Se você fica na cama seis meses, seus músculos vão se atrofiando. Para levantar, você vai ter que fazer exercício, senão não vai conseguir, pois aquilo que não é exercitado, atrofia. Se você prefere viver nesse nível natural e resiste a sair dele, seu organismo sobrenatural vai atrofiando.

Ele lhe foi dado para uma finalidade, mas você não aceita; Deus respeita a sua vontade. Ele o fez livre para você reconhecer as coisas e voltar para ele com amor. Se você prefere não voltar para ele, ele respeita. Ele faz tudo: até o seu último momento está com você, instando com você, mostrando a você as diferenças, procurando captar o seu amor, seduzir você; mas se você resiste a tudo, paciência! O que ele pode fazer mais? Então, a sua vida da graça se atrofia, e, finalmente, passa a não ter influxo na sua vida natural.

De sorte que é preciso ter muito cuidado, também, e ver se realmente queremos viver segundo Deus, guiados pelo Espírito Santo. Viver no Reino a vida de ressuscitados, ou se preferimos semear dissensões. Muitos pensam que podem viver em nível de vida humana apenas, sem semear dissensão! É um engano, porque a Escritura diz que os frutos que a carne produz são esses. E nós cremos na Sagrada Escritura. Então, vivendo apenas em nível de vida humana, você não vai produzir frutos do Espírito. Impossível! Diz-se: ontologicamente impossível! Quer dizer, é uma impossibilidade que vem da natureza das coisas. Uma impossibilidade on-tológica. Que é aquilo que Jesus diz? Que o espinheiro não dá uva, e uma árvore má não pode dar bom fruto. Está lá escrito, com todas as letras: *"Uma árvore má não pode produ-*

zir bons frutos. Uma árvore boa não pode produzir maus frutos" **(Mt 7,17-18)**. Depois do pecado original, a árvore da nossa natureza passou a ser má, e só com esse enxerto da natureza divina, que a transforma, ela volta a ser boa. Naquilo em que ela se deixa penetrar pelo enxerto da vida divina.

O organismo sobrenatural que nos é dado, é extremamente adequado ao nosso organismo natural. Por que é que o nosso organismo natural é assim, e não de outra maneira? A mim me parece que ele foi feito assim, justamente para receber o organismo sobrenatural, sem o qual ficará incompleto. Como, no plano de Deus, somos feitos para viver nesse nível, nosso organismo natural foi feito de tal maneira que pudesse se revestir deste organismo sobrenatural. Por isto, São Paulo diz que *"o mortal se revestirá da imortalidade"* **(1Cor 15,53)**. O homem natural, do homem espiritual. E aí, *"ó morte, onde está a tua vitória?"* **(1Cor 15,55)**. Passa a desaparecer o aguilhão da morte. Porque a imortalidade já revestiu o mortal.

Então, este organismo, aqui, mortal, humano, foi feito de maneira a poder receber o organismo sobrenatural. Não é o inverso. Não foi o organismo sobrenatural feito para se adequar ao natural. Ao contrário: desde toda a eternidade Deus quis que fôssemos seus filhos adotivos; para isto, seria necessário revestir-nos desse organismo sobrenatural.

De forma que a nossa inteligência só vai funcionar plenamente, com toda a sua capacidade, quando receber a virtude infusa da fé. A nossa vontade só vai funcionar plenamente quando receber a virtude infusa do amor.

As nossas faculdades passam a funcionar de uma nova maneira. Passamos a ter os pensamentos de Cristo, como diz São Paulo: *"Nós temos o pensamento de Cristo"* **(1Cor 2,16)**. E podemos tê-lo porque temos a vida de ressurreição de Cristo Jesus em nós, em virtude desse organismo sobrenatural, porque nascemos do alto, nascemos do Espírito, nascemos de novo! Por isto, a morte não tem mais nenhum poder sobre nós.

Portanto, essa vida nova, longe de destruir a nossa natureza, e mesmo a nossa personalidade, vai, ao contrário, pegar tudo isso, levar tudo isso a nível de vida eterna. Ela nos dinamiza para a vida divina. Tudo isto é divinizado, elevado do nível simplesmente natural ao nível sobrenatural.

Antigamente — não sei hoje — mas há muito tempo, quando eu era moço, havia gente que tomava bolinha com Coca-Cola, para potencializá-la. Ou, então, com cerveja. Para potencializar, ou seja, para produzir um efeito maior do que produziria naturalmente. É o que o nosso organismo sobrenatural faz: como que potencializa, de maneira infinita, o nosso organismo natural.

Estudemos, pois, cada um dos seus elementos constitutivos.

A *graça habitual* é o primeiro deles. É o seu princípio vital.

Ela é criada; quer dizer, uma criação de Deus. Vocês se lembram que *"aqueles que estão em Cristo Jesus são uma nova criação"* (**2Cor 5,17**).

A graça habitual é chamada *criada* em oposição à graça *incriada*. A graça incriada — quer dizer, que não foi criada — é o Espírito Santo, habitando em nós. A habitação do Espírito Santo em nós é uma graça, mas não uma graça criada. É uma graça incriada: ele, co-eterno com o Pai e o Filho, vem e habita em nós por si mesmo.

Esta graça criada, habitual, é justamente a que nos faz participar da natureza divina. Ela nos faz semelhantes a Deus e nos une a ele de maneira única, para que possamos viver em nível de vida divina. É um princípio vital, sobrenatural, que nos une a Deus de uma maneira estreitíssima, e nos permite fazer atos deiformes, nos faz semelhantes a Deus, realizando nossa deificação.

Então, a graça habitual, como se define? É uma qualidade sobrenatural, inerente à nossa alma, que nos faz participar de um modo real, mas à nossa maneira de criaturas, da natureza e da vida de Deus. Aqui estamos longe, a léguas de distância de interessezinhos simplesmente humanos. Estamos vivendo da vida de Deus! Somos íntimos de Deus! Como é que podemos trocar essa dignidade por coisas de ordem inferior?

A graça habitual nos confere, pois, uma nova maneira de ser. É uma qualidade que recebemos e que nos transforma, elevando-nos acima de todos os seres criados, acima mesmo dos mais perfeitos, de onde a inveja de Satanás, porque ela nos põe acima dos serafins e querubins. Acima de todos os seres criados, por mais perfeitos que sejam! Isto porque já estamos — diz a **Epístola aos Efésios** — com Jesus, no Trono, à direita do Pai. Vocês se perguntam: mas como é que já nos colocou à direita do Pai, no Trono, se estamos aqui? Ele nos colocou, porque vivemos da vida divina, embora ainda na terra. Temos, em nós, essa qualidade que já nos põe acima de todo o criado, mesmo os querubins e serafins.

Os anjos nos foram dados para nos servir, e nos vêem como somos! Quando o Arcanjo Gabriel apresentou-se diante de Maria Santíssima, deve ter ficado como que admirado: como é que uma criaturinha feita do pó da terra pode ser feita tão maravilhosa pela graça de Deus! E não tinha palavras para dizer, de surpreso: "Mas é supercheia de graça! Super, super, hipercheia de graça!" Não tinha palavras! É isto: essa qualidade que Deus nos dá, nos coloca acima de todo ser criado.

É uma qualidade permanente. Quer dizer: de sua própria natureza ela é permanente. É claro que o homem pode recusar; pode preferir pecar, viver uma vida de pecado, pode preferir não querer. Mas, de si mesma, ela é criada para ser permanente. Por isso, o batizado que recebe o sinete, quer dizer, o selo do Espírito Santo, se tiver a infelicidade de ir para o inferno, ali continuará tendo esse selo do Espírito Santo, e será o maior tormento para ele. Por que? É uma qualidade permanente! E essa, então, penetra o mais íntimo de nossa substância. Ela se imprime no mais secreto do nosso ser, e dali, então, se derrama por todas as nossas faculdades, por todas as nossas potências. E, tomando posse de nós, interiormente, nos torna puros e agradáveis aos olhos do Senhor e faz de nós — é essa graça que faz de nós — o templo de Deus.

Uma das revelações que foram feitas a Santa Gertrudes, é que o coração dela, por sua obediência a Deus, tornara-se o lugar de delícias do Senhor. Essa graça faz de nós o lugar de delícias do Senhor. *"Minha alegria consiste em estar com os filhos dos homens"* **(Pr 8,31)**. É essa a nossa dignidade, o nosso valor. Não podemos estar trocando isso por pratinhos de lentilha.

> *Senhor, nós vos louvamos e bendizemos, diante de tanta maravilha e de tanta graça e de tanto amor. Só nos resta calar e adorar e agradecer e bendizer. Vós sois, realmente, maravilhoso e bom! E nós vos louvamos e bendizemos pela vossa presença viva em nós, por tudo o que nos dais, tudo isso de que nos dotais, para fazer de nós vosso lugar de delícias.*
>
> Muito obrigado, Senhor!
>
> Glória a vós!

Capítulo 12

Somos como ele

Senhor, nós vos louvamos e bendizemos. Sois nosso Deus, maravilhoso e bom, e nos chamais a viver uma vida de intimidade convosco. Quereis ser o nosso coração, porque nos tendes no vosso. Quereis que estejamos convosco no vosso trono, à direita do Pai. E vos agradecemos e bendizemos por tudo o que fazeis para realizar esse desejo eterno de vosso coração. Nós vos pedimos que o realizeis em nós e através de nós, conforme quereis.

Obrigado, Senhor!

Amém!

Nós estávamos vendo os vários elementos que formam o nosso organismo sobrenatural, e tínhamos começado a considerar a graça habitual. Vimos que ela é uma qualidade sobrenatural inerente à nossa alma e que nos faz participar de um modo real — mas, à nossa maneira de criaturas — da natureza e da vida de Deus. Uma qualidade, uma realidade de ordem sobrenatural, uma maneira de ser nova que nos é dada pelo novo nascimento; é uma maneira de ser permanente, porque parte inerente desse novo organismo que recebemos, quando nascemos de Deus, e que nos faz semelhantes a ele; ela nos transforma, nos purifica, nos adorna de tal maneira que, nosso Deus encontra em nós a sua alegria. *"A minha alegria é estar no meio dos filhos dos homens"* **(Pr 8,31)**.

Além disso, de ser essa realidade de ordem sobrenatural, ela nos torna participantes da natureza divina e nos faz entrar em comunicação com o Espírito Santo. Vemos, pela **Primeira Carta aos Coríntios 12,13**, que fomos mergulhados no Espírito Santo, e, pela **Primeira Carta de São João 1,3**, que nossa comunhão é com o Pai e o Filho. A graça habitual, ou santificante, não nos faz, pois, iguais a Deus, mas nos torna semelhantes a ele, e nos dá uma vida semelhante à dele. Por isso é que poderemos, depois, vê-lo como ele é: porque temos essa participação que nos faz semelhantes a ele, e, desde já, somos como ele é.

A vida própria de Deus é ver-se a si mesmo, diretamente, e amar-se infinitamente. Nenhuma criatura, por mais perfeita que se possa imaginar, pode, por si mesma, ver diretamente a Deus; contemplar a essência divina, que a Sagrada Escritura diz *"habitar em luz inacessível"* **(1Tm 6,16)**. Quer dizer, não há nenhuma criatura que possa ver Deus, contemplar a essência divina.

Só Deus vê-se a si mesmo, mas pode, por pura gratuidade, por benevolência, por privilégio totalmente gratuito, chamar alguma criatura a contemplá-lo. E chama o homem a contemplar a essência divina no céu. Chama o homem a participar de sua vida, vendo-o diretamente. O homem, por si mesmo, é incapaz disso. Jesus disse: *"se não nascerdes do alto, não podereis ver o Reino de Deus"* **(Jo 3,3)**. É preciso, pois, que haja alguma coisa em nós, que nos torne capazes de ver como Deus vê.

Ele próprio nos eleva, nos dilata, nos transforma, nos dá uma qualidade nova que ilumina a nossa inteligência, de tal maneira que possamos vê-lo diretamente. Essa qualidade nova é chamada luz da glória. Assim, compreendemos melhor aquele texto de São João **(1Jo 3,2)**: *"Então sabemos que seremos semelhantes a ele porque o veremos como ele é"*. Ele se vê diretamente. Pela luz da glória, nos capacita a vê-lo diretamente, como é em si mesmo. Participamos dessa qualidade da vida divina. Nós o veremos, já não através de "espelhos", como diz São Paulo: *"agora vemos como que através de espelho, mas, então, veremos diretamente"*, face a face, sem nada de intermédio, com uma claridade luminosa **(1Cor 13,12-13)**.

E já somos, já temos isso desde agora. Vamos participar dessa qualidade da vida própria de Deus, porque vamos conhecê-lo, como ele se conhece, e amá-lo, como ele se ama. Amá-lo, como ele se ama! Temos desde agora esse amor em nós: o Espírito Santo derramado em nossos corações, pelo qual podemos dizer: *Abba!* Podemos amá-lo infinitamente, como ele se ama a si mesmo. Isto só é possível, porque Deus se une a nós; é a própria essência divina que vem se unir a nós, no mais íntimo de nós mesmos! A essência divina, sem nenhum intermediário, nos torna capazes de vê-la diretamente, de amá-la diretamente, sem imagem nenhuma.

Para compreendermos melhor, talvez convenha lembrar um pouco como é que vemos. Diante dos olhos temos um objeto. Sua imagem, através da lente de nossos olhos, forma-se, invertida, na retina; é, então, transformada em impulsos elétricos e transmitida aos centros cerebrais correspondentes, que a interpretam. Portanto, vemos não diretamente, mas através de uma imagem. Para que se forme a imagem em nossa retina, é preciso que, entre nossos olhos e o objeto exista alguma coisa; exista o ar, e que esse ar seja iluminado. Que exista luz. Se não houver luz, não vemos nada! Mas, com o ar iluminado, pode formar-se a imagem em nossos olhos, e vemos. Com relação a Deus, porém, não há necessidade de intermediários: ele se une diretamente à nossa essência.

Então, se vocês pensam que a gente vai ver Deus da maneira como vemos normalmente, com nossos olhos físicos, não é bem assim! Vemos Deus no íntimo de nosso coração, porque ele está unido a nós no mais íntimo de nós mesmos, e o veremos tal qual é, sem imagem nenhuma. A essência divina se une a nós, e a percebemos diretamente. É muito bonito!

A graça habitual, então, que recebemos e nos dá essa participação da natureza e da vida de Deus, e é uma qualidade permanente em nós, também é uma preparação para a visão face a face de Deus. É como que uma prelibação, um antegosto dessa bem-aventurança que é a visão face a face de Deus.

E aqui vai mais uma pequena explicação: a graça habitual, que nos prepara para a visão face a face de Deus, para a visão beatífica, não pode ser diferente dessa visão para qual nos prepara! Chama-se "beatífica" essa visão, porque nos beatifica; quer dizer, nos enche de bem-aventurança. A graça nos prepara para a visão beatífica, já sendo como um começo dela. Não pode ser diferente dela, porque senão não nos prepararia para ela, porque essa visão é direta! Se houvesse necessidade de a graça habitual nos preparar para termos outra coisa depois... sem ser da mesma qualidade, da mesma espécie da visão beatífica, teríamos que imaginar uma porção de coisas sucessivas, uma preparando para outra, esta, para a seguinte... e nunca chegaríamos lá!

A graça habitual é a graça criada em nós, está no nosso organismo sobrenatural, já é participação da vida divina, preparação para a visão face a face de Deus, e por isto, Deus pode se comunicar conosco desde já, diretamente. Ela é uma qualidade permanente que nos transforma, uma nova maneira de ser que começa, preparando-nos para sua plenitude.

Temos um exemplo bom na criança: ela já tem em si, em germe, o adulto que vai ser. Tem tudo para crescer e chegar ao estado adulto. Assim, a graça habitual nos faz crianças no Reino de Deus. Por isso, o Espírito Santo nos é dado como um pedagogo, aquele que vai nos ensinando todas as coisas até a gente chegar lá! Somos uma criança; ele vai nos levando, educando até chegar à plena estatura de Cristo Jesus. Mas o adulto que seremos no Reino, é do mesmo gênero da criança que já somos no Reino. Assim, a mesma visão beatífica que começa aqui e agora, com a graça habitual, vai desembocar na visão plena do face a face, por serem do mesmo gênero. É o caso do botão que vai dar a flor: a graça habitual desabrocha na visão beatífica.

Então, não precisamos de mais nada. São Pedro diz: *"Ele já nos deu tudo o que é necessário para a vida de piedade"* **(2Pd 1,3)**. A piedade é o relacionamento filho para Pai, Pai para filho. Tudo o que é necessário para esse nosso relacionamento com Deus, de filho para Pai, de Pai para filho, já nos foi dado, e não precisamos de mais nada. Já temos tudo aqui.

Vamos, assim, tentando compreender melhor um pouco por meio de comparações, embora comparações sejam só comparações, nem sempre totalmente adequadas.

Suponhamos um artista que pinta. Pinta quadros maravilhosos, mas, como é o artista? De três maneiras posso chegar a conhecê-lo:

— pelo estudo de suas obras;

— pelo que me conte dele um amigo íntimo que o conheça bem;

— pelo meu relacionamento direto com ele.

O primeiro caso, de conhecer o artista pelas suas obras, ilustra o conhecimento que temos de Deus pelas suas obras, pela natureza, pelas coisas criadas: é um conhecimento indutivo, bastante imperfeito, porque as obras criadas, apesar de maravilhosas, de manifestarem a sabedoria e o poder de Deus, a sua beleza, nada me dizem de sua vida íntima.

O conhecimento através do que me conte do artista um seu amigo íntimo, corresponde ao conhecimento que nos dá a fé. É um conhecimento fundado no testemunho dos escritores sagrados, no testemunho do Filho de Deus, do próprio Filho de Deus, Jesus! Ele nos revela Deus, porque vem de Deus; desde o início, estava em Deus. Pode, pois, contar todas as coisas de Deus, e eu, crendo naquilo que me é revelado, passo a conhecer Deus.

Já não conheço só pelas obras, pelos atributos que posso inferir de um artista que faça tudo isso que Deus faz. É muito mais! Jesus já nos conta grandes coisas sobre a vida íntima de Deus, revelando que Deus é um em três Pessoas; que há um Pai, um Filho, um Espírito Santo, e que nos chama a nascer de novo e que estaremos com ele para todo o sempre, como a família de Deus. Ele nos revela uma porção de coisas que as obras não revelariam nunca! O Pai gera o Verbo que é seu Filho. O Pai o ama; o Filho ama o Pai. Esse amor é substancial, é uma pessoa, o Espírito Santo. Vou entendendo, vou compreendendo um pouco essas coisas, vou acreditando nelas! Eu creio. Não as entendo totalmente, não as compreendo totalmente. E, sobretudo, não vejo como é que isso é. Mas, eu creio! E creio com uma certeza inabalável, e essa fé me faz participar, de um modo obscuro, velado, mas muito real, do conhecimento que Deus tem de si mesmo. Só mais tarde, então, pela visão beatífica, é que se realizará o terceiro modo de conhecimento, do conhecimento direto, pelo relacionamento direto, com a visão face a face de Deus!

Portanto:

— o primeiro modo de conhecimento é imperfeito;

— o segundo modo, pela fé, é muito superior, e, em substância, é da mesma natureza do modo seguinte;

— o terceiro modo, o mais perfeito, iniciada pela fé, é a plenitude do conhecimento à luz da glória, que desemboca na visão beatífica.

Assim sendo, a vida divina, de que a graça habitual nos dá uma participação, é aqui iniciada. Não é uma participação diminuída, como, por exemplo, a da nossa inteligência. Reflexo da inteligência divina, ela nos faz conhecer a verdade, nos faz conhecer as coisas da inteligência divina. Mas nos faz conhecê-las de uma maneira muitíssimo diferente da maneira de Deus: esse conhecimento que temos da verdade, pela nossa inteligência humana, não tem comparação com o conhecimento que Deus tem da verdade, que é ele próprio.

Pela fé, porém, que nos vem pela graça, a nossa inteligência é iluminada. Pela fé, participamos de uma maneira mais real do conhecimento que Deus tem da verdade. A minha inteligência humana abandonada a si mesma, por participar da inteligência de Deus — porque Deus nos fez semelhantes a ele, imagem e semelhança sua — pode conhecer a verdade, mas de uma maneira muitíssimo diferente da de Deus. Quando nós cremos, a fé transforma a nossa maneira de conhecer. Passamos a conhecer não só mais, segundo a simples inteligência humana, mas também de nova maneira, à luz da fé.

São três níveis de conhecimento: o da simples inteligência humana, o da inteligência humana iluminada pela luz da fé, e, depois, o da inteligência humana iluminada pela luz da glória, sendo que a luz da fé já é um começo dessa maneira de compreender as coisas pela luz da glória. Na luz da glória, vamos compreender as coisas como Deus as compreende, ver as coisas como Deus as vê; e a luz da fé, como é um começo da luz da glória, já nos ilumina a inteligência para que tenhamos, também, essa maneira de conhecer de Deus, conquanto com certa obscuridade.

A graça habitual, pois, traz uma modificação de nossa própria maneira de conhecer, mudando mesmo a maneira de funcionar de nossa inteligência, capacitando-nos a conhecer como Deus conhece. Por isso, Jesus pode nos dizer uma porção de coisas que outros, sem a luz da fé, ouvindo não entendem.

Se lemos o Sermão da Montanha apenas com a inteligência humana, achamo-lo muito bonito. Se o lemos à luz da fé, já conhecemos algo mais, e vemos que nos mostra as exigências da vida nova. E Jesus termina dizendo: *"sede vós perfeitos como vosso Pai celeste é perfeito"* **(Mt 5,48)**.

Recebemos, pois, uma participação da natureza divina. Essa participação não é igual à que dela tem o Verbo eterno de Deus.

A geração do Verbo eterno de Deus é única. Ele é o Filho único. Nela, toda a substância do Pai passa para o Filho. O Filho recebe toda a substância do Pai. É a mesma essência, a mesma natureza. Recebe toda a natureza do Pai. A diferença entre o Pai e o Filho é que o Pai gera, e o Filho é gerado. Desde toda a eternidade. Não há princípio nem fim nessa geração.

As três Pessoas são uma só essência, e o que as distingue como Pessoas são as relações internas: o Pai se distingue do Filho por sua geração eterna. O Filho se distingue do Pai por receber do Pai tudo isso. O Espírito Santo se distingue do Pai e do Filho por proceder dos dois, como amor substancial, o amor do Filho pelo Pai, e do Pai pelo Filho. Ele procede do Pai e do Filho.

A nossa participação, portanto, não é igual à geração eterna do Filho de Deus, nem é igual à união do Verbo Eterno de Deus com a nossa natureza humana em Jesus, que se chama *união hipostática*. Hipostática, vocês já sabem o que é: vem de *hipóstase*, palavra grega que significa pessoa. União hipostática é a união que faz a pessoa de Jesus ser humano-divina. É única, também. A união do Verbo Eterno com a natureza humana é uma união substancial na pessoa do Verbo; quer dizer, a substância de Deus e a substância humana se unem para formar essa pessoa única que é Jesus.

No nosso caso, essa união não é substancial; não é a substância de Deus que se une à nossa substância para formar uma pessoa. Não. A nossa participação da natureza divina é algo que nos é acrescentado. Recebemo-la, conservando a nossa natureza humana. Não nos tornamos uma pessoa humano-divina como Jesus. Continuamos a ser uma pessoa humana, agora renascida de Deus!

Conservamos a natureza humana, tendo recebido algo que lhe é muitíssimo superior: a graça. A graça, que nos é acrescentada, é infinitamente superior à natureza humana, e, por isso, deveríamos prezá-la mais do que a nossa própria vida. Não fazendo parte de nossa natureza humana, faz-nos participar da bondade e do bem de Deus. Continuamos, pois, a ser nossa pessoa humana, mas essa graça que nos é acrescentada, essa participação da natureza divina nos faz capazes de ter comunicação com Deus, porque ela é algo de Deus, substancialmente divino, sobrenatural, que nos é acrescentado, para que possamos ter acesso a Deus; transformados, não sendo mais simples filhos de homem. É permanente essa graça, e só Deus nos pode dá-la.

O homem nasce de um homem e de uma mulher. Mas um filho de Deus só pode nascer de Deus. Só ele nos pode dar essa graça que produz em nós uma semelhança divina; impressa em nós, permanentemente: por si mesma não sai nunca mais. Traz-nos um novo organismo, uma nova maneira de ser. E devemos viver não mais segundo a simples natureza humana, mas segundo a nossa qualidade de filhos de Deus. É para isso que Jesus morreu por nós. Se fosse para a gente viver como um pagão por aí, não precisava Jesus ter morrido por nós.

Para nos fazer entender essa semelhança divina que nos é dada, os Santos Padres da Igreja empregam várias comparações.

Dizem, alguns, que a nossa alma é uma imagem viva da Santíssima Trindade; uma espécie de retrato em miniatura, porque o próprio Espírito Santo vem se imprimir em nós como um sinete. Somos selados com o Espírito Santo no nosso batismo, como um sinete na cera. A cera está branda, ainda, recebe o sinete e depois endurece, e aquele sinal permanece. De maneira semelhante, o Espírito Santo imprime em nós a semelhança divina. De onde concluem que a nossa alma é de uma beleza inconcebível, porque aquele que imprime nela, que pinta nela a sua própria semelhança, que põe nela essa imagem é o próprio Deus que é infinitamente perfeito. Daí, a conseqüência de que, em vez de diminuirmos o brilho dessa imagem que está em nós, devemos torná-la cada vez mais semelhante ao original, como Jesus disse: "*sede perfeitos como vosso Pai celeste é perfeito*".

Comparam, ainda, a nossa alma a um cristal, que recebendo a luz do sol, penetrado por ele, adquire brilho incomparável. E, em seguida, difunde em torno de si esse brilho que recebe do sol. Assim, nossa alma, iluminada pela luz divina, resplandece com clarão muito vivo e o reflete sobre os objetos que a rodeiam.

Para mostrar que essa semelhança não fica só na superfície, mas penetra todo o nosso ser a partir do interior, do mais íntimo, para fora, recorrem à comparação do ferro e do fogo. Como a barra de ferro metida na fornalha, na forja ardente adquire o brilho, o calor, a maleabilidade do fogo, assim a nossa alma mergulhada no amor divino, aí também se desembaraça de suas escórias, se torna brilhante, ardente, e maleável, dócil, obediente às inspirações divinas.

Também, para exprimir a idéia de que a graça é uma vida nova, comparam-na a um enxerto divino feito na árvore silvestre da nossa natureza. Esse enxerto, então, se combina com a nossa alma, para nela constituir um princípio vital novo, muito superior ao princípio vital da própria árvore que recebe o enxerto. Mas, assim como o enxerto não confere à árvore selvagem toda a vida da espécie de que ele fez ou faz parte, mas transmite apenas algumas qualidades da espécie da qual foi tirado, assim também a graça santificante não nos dá toda a natureza de Deus, mas nos transmite muita coisa de sua vida, que vai constituir para nós, a vida nova.Participamos, pois, dessa vida divina, mas não a possuímos na sua plenitude como Deus a possui.

Vocês vêem que é muito bonito, não? É sempre aquela história do arquiteto. Deus tem o seu objetivo, de unir o homem a si, intimamente. Cada uma das Pessoas divinas nos ama infinitamente e quer essa união conosco. Cada uma e todas. Para isto, precisam criar o universo. Criam os anjos, criam o homem; testam os anjos, testam os homens.

Como essa união deve ser uma união de amor, o homem tem que aprender a amar a Deus. Depois, vem toda a história do homem caído, afastado de Deus, Deus se revelando aos poucos, até se revelar plenamente em Jesus, e aí nos dar, outra vez, a possibilidade de estar com ele. Jesus vem, porque quer nosso relacionamento íntimo consigo, o Verbo Eterno de Deus! O Espírito Santo vem a nós, porque quer nosso relacionamento íntimo, perfeito, com ele, para toda a eternidade; e as Pessoas divinas vão nos ensinando, pouco a pouco, até sairmos de todo o nosso imobilismo e egoísmo. Recebemos, pois, essa participação da natureza divina, a graça habitual, que vai nos preparando, ensinando, transformando até a gente chegar lá! Mas para chegar lá, Deus teve que criar, do nada, um universo! Tanto valemos!

Senhor, nós vos agradecemos a grandeza e a beleza desse
  amor com que nos amais, tendo nos escolhido desde
  antes da criação do tempo, para sermos vossos filhos
  adotivos, bem-amados, para o louvor da vossa glória; e
  nos resgatais, nos aperfeiçoais e nos dais participar de

vossa natureza a fim de mostrar a todas as criaturas a multiforme graça vossa que se estende pelo vosso corpo, a Igreja, através dos séculos.

Muito obrigado, Senhor, pela grandeza e beleza do que somos, do que fazeis de nós, conosco, para vós. Muito obrigado, Senhor, e vos pedimos que realizeis em plenitude vosso plano e que possamos corresponder sempre, e cada vez melhor, pelo poder de vosso Espírito, àquilo que esperais de nós.

Muito obrigado, Senhor!

Glória a vós, Senhor!

Capítulo 13

Nossa União com Deus

Pai Santo, nós nos colocamos diante de vós, pedindo-vos que nos ilumineis e derrameis em nós o vosso amor, a vossa graça, a vossa luz, e que nos abraceis como vossos filhos, às vezes rebeldes, às vezes ignorantes, mas, sempre, vossos filhos. Vós nos escolhestes desde toda a eternidade, e, no correr do tempo, vindes nos cativando e transformando, numa obra paciente, para reproduzir em nós os traços de vosso Filho Único, a fim de que sejamos todos uma família só: a vossa família, com Jesus, primogênito de muitos irmãos! Nós vos pedimos, Pai, que realizeis a vossa obra em nós, como quereis.

Muito obrigado, Senhor!

Glória a vós!

Pudemos contemplar, de relance, o que seja propriamente a nossa vida de graça, a graça habitual em nós, a vida de Deus em nós. Se prestaram atenção, na última semana do ano litúrgico, na oração da Missa para as ofertas, pedimos que tenhamos sempre mais da vida de Deus em nós. A Igreja é muito consciente de que participamos da vida de Deus. Se prestarem atenção na liturgia, vão ver quantas e quantas vezes a Santa Igreja fala dessa nossa vida em Deus, da vida dele em nós.

A Igreja é consciente disto. No entanto, somos tão displicentes a este respeito! As pessoas, em geral, não têm a menor idéia dessas realidades, apesar de irem à missa, de ouvirem aquelas orações, pois não prestam atenção. Não procuram saber o que significa: "aumentai a vossa vida em nós"! O que será isto? Ninguém liga, ninguém quer saber, ninguém se comove: a vida de Deus em nós! Ninguém pára um instante para ficar de boca aberta diante de tanta grandeza! Tão admirável é, e tão simples! O Senhor nosso Deus vem a nós, nos dá uma participação de sua natureza, nos faz viver da sua vida, nos torna semelhantes a ele, e nos une a si. Estamos unidos a ele, sem saber o que isto significa. Procuremos, então, ver como é que se pode explicar, segundo a nossa pequena compreensão, a união entre nossa alma e Deus.

Vocês sabem que o homem é uma unidade. Não há partes estanques no homem. O homem é uma unidade. Quando eu digo alma, quero dizer toda a parte interior do homem, sem referência específica ao corpo, que também faz parte do nosso ser. O nosso meio de comunicação com este mundo, este universo em que fomos criados, é o nosso corpo. E mais: o Senhor coloca dentro de nós o infinito! Então, temos uma participação no universo finito, mas o nosso ser se abre, também, para o infinito.

Vivemos, assim, no limite entre o finito e o infinito; nosso Deus nos chama a viver no infinito, a vida do infinito, no finito. Essa é a grande maravilha de Deus: fazer uma simples criatura do pó da terra, finita, limitada, participar de sua vida infinita num mundo finito! Isso mostra toda a nossa grandeza, toda a nossa superioridade com relação a todas as outras coisas criadas neste mundo; tudo o que é criado neste mundo é inferior a nós, porque participamos, por obra de nosso Deus, dessas maravilhas. Tudo o mais, aqui, é inferior a nós, subordinado a nós, e é uma tristeza ver as pessoas correr atrás de forças cósmicas e de astrologia, de cristais... sei lá que mais... "voltando aos elementos desse mundo", como diz São Paulo aos gálatas (cf. Gl 4,9.10).

A união entre nossa alma e Deus é conclusão que tiramos da habitação da Santíssima Trindade em nós. Vimos que a Santíssima Trindade habita em nós. Temos, em nós, um hóspede divino. Como ele está em nós, existe, entre ele e nós, uma união, união muito íntima, que nos santifica.

Há diferentes tipos de união.

Moral — uma união pode ser moral, quer dizer, simplesmente conceitual. Pode ser irreal também, no sentido de escapar à realidade concreta.

Física — A união pode ser física. E aí já entra um elemento mais concreto de participação. Uma união física é mais densa do que uma união moral, e produz um efeito mais transformante.

Neste sentido, vamos primeiro ver as comparações que os Padres da Igreja usaram para significar essa união entre nós e Deus.

Muitos afirmam que a união de Deus com a alma é semelhante à da alma com o corpo.

Santo Agostinho diz: "Há duas vidas em nós: a vida do corpo e a vida da alma. A vida do corpo é a alma. A vida da alma é Deus".

Vimos que há em nós uma vida vegetativa, uma vida animal e uma vida da alma — vida da inteligência, vida própria, nossa, intelectual.

Os vegetais (vida vegetativa) crescem, mas não se deslocam.

Os animais (vida animal) crescem, deslocam-se, mas não possuem a vida intelectual.

O homem cresce, desloca-se e tem a vida intelectual. Cada uma dessas vidas engloba a que lhe é inferior. A vegetativa é a mais inferior. A animal, superior a ela, a engloba. A intelectual, superior a ambas, as compreende.

Temos em nós, pois, esses três tipos de vida. Se, por acidente, uma pessoa perde a vida intelectual, pode viver em nível de vida animal e vegetativa; uma pessoa em coma é reduzida à vida vegetativa, segundo dizem, porque não se desloca, só é alimentada e fica feito uma planta. Assim, mesmo quando não se manifesta a vida intelectual, mesmo quando a pessoa não pode se deslocar, a vida vegetativa permanece, às vezes, mesmo por muito tempo.

Temos, pois, a vida do corpo, que é animal e vegetativa, e a vida da alma, que é a nossa vida interior. E diz Santo Agostinho: "a vida do corpo é a alma"; de fato, a alma, intelectiva, é que dá vida ao corpo. Ela se retirando, o corpo morre. "E a vida da alma é Deus" — continua ele. Isso é uma analogia, também, mas todas as analogias procuram ilustrar um pouco da verdade.

A união entre o corpo e a alma é uma união substancial; quer dizer, corpo e alma são partes de uma mesma natureza, de uma mesma e única pessoa. O corpo não é uma coisa separada, a alma não é uma coisa separada: fazem parte de uma só pessoa. A minha pessoa é corpo e alma, em uma união chamada substancial, porque diz respeito à essência, à natureza. A minha natureza, a minha essência é esta. Então, a união da minha alma e do meu corpo é uma união substancial, em que, segundo Santo Agostinho, "a vida do nosso corpo é a alma".

A vida da nossa alma é Deus. Mas aí, já não é uma união substancial. É uma analogia. Há uma verdade na união da alma e corpo: é substancial; mas não se dá, a mesma verdade quando se fala da união entre nossa alma e Deus! Porque nós, unidos a Deus, guiados pelo Espírito Santo com todos os dons e tudo o mais, mesmo no céu conservamos a nossa natureza e a nossa personalidade. Assim, ficamos essencialmente distintos de Deus, embora participando da sua vida, do seu ser, de tudo mais. Desta forma, a nossa união com Deus não é substancial.

Assim como a nossa alma dá vida ao corpo, assim também Deus dá à nossa alma, a vida dele, a vida sobrenatural. É uma vida verdadeira, formalmente semelhante à dele, participação dela que ele nos comunica; essa relação, porém, não é a mesma que se dá entre a alma e o corpo. A alma dá ao corpo vida, conformando-o a ela. Ela é a forma do corpo. Conforma o corpo a si mesma. Forma o corpo de acordo com aquilo que ela é. É uma espécie de molde do corpo. Já Deus, ao nos dar a vida, não o faz da mesma maneira. Ele não passa a ser para nós uma forma, um molde, que nos molda. Não é o mesmo processo. É outra maneira de comunicação de vida, que só Deus pode fazer.

Acontece que a alma dá vida ao corpo, e conforma-o a ela, ela e o corpo formando uma só substância, quer dizer, uma pessoa, uma unidade perfeita. Entretanto, por íntima e real que seja, esta união jamais poderá ser tão real e íntima como aquela na qual Deus se une a nós. São níveis diferentes. Deus pode se unir a nós mais intimamente do que nossa alma a nosso corpo, sem ser o nosso molde, a nossa forma, mas de maneira muito mais real!

Isto supõe que Deus nos comunique uma realidade concreta que sirva de traço de união entre ele e nós. Uma maneira, um jeito que ele dá, que faz com que se una a nós nessa perfeição, nessa profunda realidade, superior à realidade da natureza humana.

Esse nosso novo relacionamento com Deus, e dele conosco, não acrescenta absolutamente nada a Deus. Nem tira absolutamente nada de Deus. Deus não se altera, não se move, não é sujeito a aumentos ou diminuições. Mas se nada acrescenta a ele, a nós acrescenta muita coisa! Porque aperfeiçoa todo o nosso ser, e vai nos tornando conformes a Deus, semelhantes a Deus, sem alterar a nossa personalidade!

Quer dizer, nós podemos ser **mais** nós mesmos, sem aquilo que julgamos que nos faz ser nós mesmos! É uma grande ilusão, uma tremenda ilusão achar que, se não formos assim como achamos que somos, deixamos de ser nós mesmos. Tememos já não ser nós mesmos se deixarmos aquilo que achamos que constitui nossa auto-afirmação. Mas o contrário é que se dá. Temos que deixar de ser como somos, para sermos verdadeiramente nós mesmos! Temos que deixar as nossas próprias construções interiores, que impedem que nos tornemos deiformes, que nos tornemos semelhantes a Deus. Quanto mais semelhante a Deus, mais somos nós mesmos. Por que? Porque desde toda a eternidade Deus nos ama e nos quer como reflexo da sua glória. E quando a pessoa é como acha que deve ser, não reflete glória nenhuma de Deus! Para refletir a glória de Deus, temos que ser como Deus quer que sejamos, semelhantes a ele. Só seremos plenamente nós mesmos quando formos como Deus é. Por que? Porque desde toda a eternidade o Senhor assim nos pensou. Ele nos cria conforme a imagem que tem de nós, e essa imagem é que nós somos, e não aquilo que achamos que somos. Toda a ação do Espírito Santo em nós é nos fazer ser, na realidade concreta da vida, aquela imagem segundo a qual fomos criados.

Deus tem a nossa imagem perfeita, como seus filhos; e nascemos no tempo, de um pai e de uma mãe carregados de uma história de antepassados, e sofremos a influência do mal e do pecado. No batismo, recebemos o Espírito Santo, que nos abre uma janela para o infinito; e o Espírito Santo vai modelando essa pessoinha que nasceu, até que se torne aquilo que já é, desde toda eternidade, na mente do Pai. Mas nesse processo de chegar até lá, todo o mundo bombardeia a gente, dizendo "que devemos ser nós mesmos, temos que nos afirmar, e temos que tirar satisfações, e, se o sujeito fez isto, tem que receber aquilo... e dente por dente e olho por olho, e... afinal de contas, esse é inimigo, a gente tem que liquidar com ele, onde já se viu isso, a gente tem que ser amigo só dos amigos, etc., etc." A grande ilusão que Satanás e o mundo procuram alimentar em nós, jogar em nós, é que devemos ser aquela pessoa que está ali, naquele momento, que não devemos mudar, mas ser aquela mesma, fixada naquele momento, no tempo.

No entanto, se a pessoa resistir a se transformar, não mudando, vai ficar encruada. Encruada! Fica um anãozinho: não quis crescer. E toda vez que nos atemos àquilo que achamos que devemos ser, e afirmamos isto, contra tudo e contra todos, estamos nesse processo de ananicamento de nós mesmos.

É o Espírito Santo que realiza a nossa transformação, a nossa divinização. Ele é a causa eficiente dessa nossa transformação, e também sua causa exemplar. Por que? Porque tem o modelo da nossa santificação. É ele que faz todo esse processo em nós. Então, a nossa união com o Espírito Santo é realmente muito grande, porque ele, dentro de nós, vai nos mudando, e, com a nossa transformação, tudo, conosco, se transforma. Para isto, ele tem que estar unido a nós de maneira real, como causa eficiente dentro de nós.

Outros autores fazem comparação entre a união hipostática (que vocês já sabem que é a do Verbo Eterno de Deus e a natureza humana, na pessoa de Jesus. É única: só em Jesus se realiza) e a união da nossa alma com Deus.

Aqui, de novo, temos uma diferença grande, porque a união hipostática é substancial: o Verbo Eterno de Deus assume a natureza humana e forma com ela uma pessoa. É união substancial, porque duas naturezas se unem numa só pessoa.

O Verbo Eterno de Deus une a si a natureza humana, formando a pessoa de Jesus. Por isto, esta união se chama hipostática, união pessoal, que faz uma pessoa.

Assim, a natureza divina e a natureza humana, que são distintas, formam, em Jesus, uma única e mesma Pessoa. No entanto, a união da nossa alma com Deus, pela graça, não faz de nós uma só pessoa com Deus: deixa-nos a nossa personalidade. Deus continua sendo ele, e nós continuamos sendo nós.

Na teologia, o que não é substancial, diz-se "acidental". Acidental é o que não faz parte da essência. Por exemplo: hoje, tanto homens como mulheres vão ao cabeleireiro, e fazem-no pintar mechas de verde, outras de amarelo, outras de azul, outras de branco. Isto não lhes é essencial. Dizemos que lhes é "acidental". Acidental, porque é um acidente; quer dizer, acidente é aquilo que cai ("accidere"), aquilo que cai sobre o essencial; então, tudo o que é posto em cima, para embelezar ou não, é acidental, porque é posto, é colocado, cai sobre a essência da coisa. Se você retirar os acidentes, a essência continua a mesma. Sua essência continua a mesma, cabelos pintados ou não.

Ora, a nossa união com Deus, não sendo substancial como a do Verbo com a natureza humana em Jesus, é, então, acidental. Por que? Porque não modifica as nossas substâncias. As nossas substâncias continuam sendo as mesmas; a união é algo que lhes é acrescentado; esse algo acrescentado, é um acidente, algo que cai sobre a essência. A nossa união com Deus é algo acidental, acrescentado à nossa natureza. Este algo acrescentado, é o que chamamos de graça santificante.

A graça santificante é algo que é acrescentado à nossa substância, à nossa natureza. Vem para nos embelezar, nos transformar, nos fazer mais belos aos olhos de Deus, mais semelhantes a Deus, mais deiformes; mas é um acidente, porque não é inerente à nossa substância. Vem acrescentado a ela, embora lhe sendo superior; a graça santificante, que é um acidente em nós, é superior à nossa própria natureza. Por isto, nos eleva, nos transforma, dando-nos ser nosso ser verdadeiro, segundo Deus.

Neste sentido, ela é acidental. Mas, em certo sentido também, é substancial. Por que? Porque se faz de substância a substância. Deus é que faz tudo isso. E nós recebemos tudo isso. Deus se comunica a nós. Mesmo a graça santificante é participação da natureza divina. De certo modo, é um acidente, porque não é inerente à nossa natureza; mas, de certo modo também, não é acidente, porque é o próprio Deus se comunicando diretamente a nós, e podemos nos comunicar diretamente com Deus. Deus coloca a sua substância, a sua Pessoa, diretamente ao nosso alcance; sem intermediários, porque a própria graça santificante é participação da natureza divina.

Então, o homem e Deus estão em contato muito íntimo, como aquela imagem do ferro e do fogo. O fogo penetra o ferro; o ferro lança chamas, não é? O ferro aquecido, vermelho, lança chamas! E ele não é chama; ele não é fogo, é ferro. Mas é aquecido pelo fogo, de tal maneira o fogo o penetra, o envolve de tal maneira, que ele passa a ter propriedades do fogo! Como a luz e o cristal. A luz penetra o cristal, e o cristal se faz luminoso.

De forma que nossa união com Deus, de certo modo, é acidental, mas de outro modo, também, pode ser união substancial, embora fique longe de ser uma união hipostática, porque não une as duas naturezas numa só pessoa, como em Jesus. Continuamos a ser duas pessoas: Deus e nós.

Os místicos falam de muita coisa assim. São João da Cruz fala de **comércio**. Do *divino comércio* que é essa troca, direta, entre o homem e Deus, por causa dessa união. Lendo os livros de místicos, vemos que empregam uma porção de imagens, porque não têm outro modo de comunicar essa realidade, não têm expressões, e nossa inteligência também não consegue reduzir ao seu nível uma coisa que se opera em nível superior a ela. Assim, não podemos explicar estas realidades, como se explica uma coisa científica, uma coisa concreta, que você vê, golpeia, faz emitir um som, e lhe dói a mão.

O que está abaixo da nossa inteligência, ou no mesmo nível dela, com algum esforço conseguimos explicar. Estas coisas, porém, se passam acima do nível dela: são uma revelação, uma vivência, que se transmite, mas de maneira velada.

É como São Paulo diz: *"agora vemos como que em espelho"* (1Cor 13,12); como que em espelho, na obscuridade da fé, mas, então, quando tivermos a visão face a face, vamos entender muita coisa. Porque já não estaremos limitados, a nossa compreensão não estará limitada à maneira de operar de nossa inteligência nesta terra, precisando apreender através dos sentidos e por deduções e inferências.

Por experiência, por ensaio e erro, vamos sabendo, aprendendo e dominando uma ciência, uma coisa qualquer. Essa maneira de conhecer, própria da nossa inteligência, é totalmente absorvida em outra maneira de conhecer que começa desde agora: o conhecimento pela fé. É uma outra maneira de conhecer, pela revelação de Deus. A palavra de ciência, a palavra de sabedoria, o discernimento dos espíritos, profecias, dons de revelação, não se originam no âmbito de nossa inteligência, mas são manifestações do Espírito Santo. São coisas santas que não convém banalizar, como se vê, muitas vezes, até em grupos de oração carismáticos, que as deveriam ter em alta conta. São dons, carismas que funcionam numa área que não é própria da inteligência natural, e sim do nosso organismo sobrenatural. Por isto, São Paulo diz: *"quando oramos em línguas, nossa inteligência fica sem fruto"* (1Cor 14,14). Quer dizer, ela não produz nada, porque estamos funcionando, ao orarmos em línguas, em nível de nosso organismo sobrenatural, e não em nível apenas de nossa inteligência natural.

Como as pessoas, no início, não sabem distinguir, nem sabem que têm um organismo sobrenatural, ficam achando que isto é elas próprias que fazem: "Ah! Mas será que não sou eu que estou orando em línguas? Não sou eu que estou inventando?" Claro que é você que está fazendo! Mas não está inventando. Você está fazendo. O som sai por sua boca. Você produz o som! Mas não está inventando! É uma coisa diferente. "Mas sou eu que estou fazendo!" Claro que é você que está fazendo, mas não está inventando. A pessoa não sabe, ainda, que tem um organismo sobrenatural, no qual se passam coisas, que podem, ou não, ser percebidas pela nossa inteligência. Às vezes não o são: só pelo coração as percebemos. E o coração, aí, é uma outra maneira de entender as coisas. É a maneira do nosso homem interior.

Muita coisa se passa no nosso interior que não passa pela nossa inteligência. Por que? Porque o conhecimento intelectual passa pelos sentidos, e quando recebemos uma revelação, não é pelos sentidos. Depois, a inteligência pode interpretar alguma coisa, se cair dentro do seu nível. Se não cair dentro do seu nível, não vai poder explicar nada, nem dizer coisa nenhuma. É o caso, muitas vezes, de pessoas que têm uma experiência espiritual quando estão no repouso no Espírito.

(E aqui podemos fazer um parêntese: o repouso no Espírito Santo não é um dom, mas uma vivência nesse nível de organismo sobrenatural, dessa presença de Deus.

O carisma é um instrumento de ação sobrenatural. Temos instrumentos de ação naturais, como braço, mão, perna, etc. E temos instrumentos de ação sobrenaturais. O carisma é um instrumento de ação no poder do Espírito Santo. Então, em nome de Jesus, impomos a mão sobre os enfermos e acontecem coisas que, se não se tem o carisma, não acontecem, por mais que se estenda a mão.

Ele é, pois, um instrumento de ação, uma manifestação do Espírito para o bem comum (1Cor 12,7). O repouso no Espírito não é um instrumento de ação, não é para o bem comum; é uma presença de Deus agindo poderosamente na pessoa, como *resultados sempre benéficos: harmonização interior, cura interior, comunicação com Deus, visões, etc. É uma vivência nesse nível de organismo sobrenatural.* Não devemos, pois, fazer confusão, dizendo que o repouso no Espírito é um carisma. *É uma graça de Deus.* Mas todo carisma não é graça? Sim, todo carisma é graça. Toda graça é carisma? Não. O repouso não é graça? Sim, mas não é carisma. Isto seria tomar o particular pelo geral.

Outro exemplo de se tomar o particular pelo geral é o da profecia. Na Bíblia, vemos Elias dizer à viúva de Sarepta: *"O Senhor diz que o óleo não vai acabar. Enquanto durar esta seca, não vai acabar nem o óleo, nem a farinha"* **(1Rs 17,14).** É o carisma de profecia? Não, não é; é palavra de sabedoria. Outro exemplo é o de Jesus com a samaritana: *Jesus lhe diz: "Vai chamar teu marido". "Não tenho marido". "Disseste bem, porque tiveste cinco maridos e este que agora tens, não é teu marido"* **(Jo 4,17-19).** É o carisma de profecia? Não; é palavra de conhecimento. A mulher, porém, lhe diz: *"Senhor, vejo que és profeta".*

Nestes exemplos, a palavra profecia é tomada em sentido geral, para significar tudo aquilo que se fala, vindo de Deus. Neste sentido amplo, profecia engloba palavra de ciência, palavra de sabedoria, discernimento dos espíritos, línguas, tudo o que se fala e que vem de Deus. Mas, se você quer dizer que é o carisma de profecia, não é. Numa reunião de curas, quem está orando diz: *"O Senhor está curando a perna de um homem".* É o carisma de profecia? Não, é palavra de conhecimento. *"Mas é uma palavra que vem de Deus?" "É!" "Então é profecia!"* Sim, neste sentido é profecia. Em sentido geral, mas não no sentido estrito do carisma.

É a mesma coisa quando se diz que o repouso no Espírito é um dom. É um dom nesse sentido que vem de Deus, gratuitamente dado. Mas não é um dom no mesmo sentido que uma palavra de conhecimento é um dom, um carisma.

Mas voltemos ao que estávamos considerando, em relação à nossa união com Deus).

A união hipostática faz um homem-Deus: Jesus. Ele é totalmente homem e totalmente Deus, unidos numa pessoa só = o homem-Deus. A nossa união pela graça não é igual: não nos faz homens-deuses, mas sim homens divinizados. Continuamos a ser homens, mas passamos a funcionar em outro nível: o de homens divinizados. As ações de Jesus são ações teândricas. Teândricas, palavra bonita. Por que teândricas? Porque em grego, "Theos" é Deus e "andros" é homem. Teândricas são ações que são de Deus e do homem ao mesmo tempo. As nossas ações não são teândricas, não são divino-humanas, são "deiformes". Deiformes = semelhantes às de Deus. Semelhantes! Não são próprias de Deus, como as de Jesus, mas semelhantes, feitas em comum, por Deus e por nós.

Porque são feitas em comum, por Deus e por nós, é importantíssimo não querer fazer nada sozinho! Não querer fazer nada sozinho, por sua própria conta, numa afirmação de si mesmo, separadamente de Deus. Não querer fazer nada sozinho. Não vale a pena! Não produz efeito sobrenatural. É uma tristeza! E vai dificultando a ação do Espírito Santo em nós. Não precisamos fazer nada sozinhos: podemos fazer tudo com Deus. O Espírito Santo está em nós para isto: para agir conosco. E nossas ações serão ações de Deus e do homem; ações de Deus e nossas, em conjunto.

Podemos dizer que a união do Verbo com a natureza humana, em Jesus, é o tipo da nossa; abaixo dela, a nossa união com Deus é a união mais perfeita que possa haver de uma criatura com Deus. É a que mais se aproxima da união do Verbo Eterno com a natureza humana, em Jesus. Ela se aproxima tanto, que Jesus é chamado o *primogênito de muitos ir-*

mãos (Rm 8,29). Não é o Verbo Eterno, enquanto Deus, que é o primogênito de muitos irmãos: é Jesus! Por que? Porque é Deus unido à nossa natureza humana que forma essa Pessoa, Jesus! No nosso caso, Deus, unido a nós, nos forma, também, como filhos de Deus, não da mesma maneira, mas de maneira muito semelhante e muito próxima, a tal ponto que Jesus pode ser chamado o primogênito de muitos irmãos.

Portanto, a nossa união com Deus não é simples união moral. É mais concreta porque tem em si, também, um elemento físico. Pode-se considerá-la, assim, uma união físico-moral. Nela, a natureza divina é realmente, verdadeiramente unida à nossa natureza, de maneira muito especial, de forma que a alma do justo tem, em si, a natureza divina, como se lhe pertencesse! Tem, portanto, um caráter divino, uma perfeição de ordem divina, uma beleza divina, infinitamente superior a tudo o que pode haver de perfeição natural, em qualquer criatura existente, ou possível.

Esclareço melhor: a natureza divina se une à nossa natureza de uma maneira muito especial. O justo, aquele que é justo, o santo, aquele que vive realmente essa vida em Deus, o justo possui, em si, a natureza divina como propriedade sua. Quer dizer, algo que ele pode usar como seu. Algo que podemos usar como nosso. Como é que vamos nos contentar com menos, e agir como simples homens, se temos, em nós, algo que é divino, que podemos usar, porque é nosso? Uma perfeição de ordem divina, uma beleza divina, que é infinitamente superior a tudo o que pode haver de perfeição natural, em qualquer criatura existente ou possível; quer dizer, se você imaginar uma criatura qualquer, possível, nunca poderá ter a perfeição do justo!

Por isto, os anjos nos olham com admiração. Quando o Arcanjo Gabriel foi anunciar à Virgem Maria que ela ia conceber, ficou maravilhado com a beleza daquela criaturinha de Deus, perfeita, de uma perfeição superior a qualquer perfeição criada, a qualquer perfeição natural, porque de outra ordem. A nossa perfeição é divina, está acima de toda a criação. O anjo é uma criatura criada. Nós estamos acima dele, quando somos justos, acima de todos os anjos. De onde o ódio de Satanás por nós. Não fosse isto, Satanás ia ligar para nós? Mas por causa dessa beleza interior que temos, beleza que ele perdeu por seu orgulho, por sua revolta, por sua rebelião, ele nos tem ódio.

Uma vez o Pe. Miguel Pedroso, de São Paulo, contou-me que estava fazendo um exorcismo numa senhora, e perguntou:

—"Quem é você?"
—"Eu sou Satanás. Tenho ódio de vocês..."
—"Por que?"
—"Porque vocês vão ocupar o lugar que era meu. Tenho ódio de vocês, porque vão ocupar o lugar que era meu".

Nosso lugar é no Trono, com Jesus, junto de Deus, acima de todas as criaturas. Por que fazer por menos?

Senhor, nós vos louvamos e bendizemos por essas alturas a que nos elevais, nas quais o ar é tão rarefeito que mal podemos nos manter de pé. Alturas em que deveríamos estar prostrados diante de vós, a adorar-vos na sabedoria de vosso amor, na grandeza de vosso amor, por tudo o que fazeis em nós, e por nós, e que ignoramos. Nós vos pedimos que toqueis os nossos corações e nos reveleis a grandeza que é nossa, a fim de que possamos, com maior facilidade, nos desvincular de todas as coisas que estão abaixo de nós, e que não nos devem prender, às quais nos escravizamos tantas vezes, achando que são importantes, sem ter real entendimento do que seja importante no vosso plano de amor para nós. E vos pedimos que realizeis em nós, Senhor, tudo o que quereis, levando-nos à perfeição a que nos chamais.

Muito obrigado, Senhor!
Amém!

Capítulo 14

Faculdades da Ordem Sobrenatural

Pai santo, nós vos louvamos e bendizemos, porque nos chamais a viver na serenidade da vossa presença, longe de todo tumulto das coisas mais afastadas de vós.

Sois aquele que, no seu silêncio e na sua imobilidade, dá movimento e som a todas as coisas, e nos chamais a viver em vós, convosco, para todo o sempre.

Nós vos agradecemos, porque nos revestis de vossa graça, transformando-nos de tal maneira que possamos estar convosco, e de tal maneira que possais estar conosco, sem necessidade de intermediários. Vós sois nosso Pai!

Muito obrigado, Senhor.

Glória a vós!

Amém.

O mundo em que vivemos é muito conturbado. Pelos sentidos, apreendemos toda essa confusão do mundo exterior. Na medida, porém, em que vamos adentrando a nossa vida interior, vamos mergulhando na paz. Quando, finalmente, nos unimos a Deus, não há mais em nós perturbação nenhuma. É a isto que o Senhor nos chama: a vivermos unidos a ele de tal maneira que, nenhuma dessas coisas que nos perturbam aqui, possa nos perturbar, estando nós *"mortos para elas e a nossa vida escondida em Deus"* (Cl 3,3). Quem vive na superfície de si mesmo, não pode deixar de viver perturbado, porque se sujeita ao sistema do mundo. Nós, porém, somos chamados a viver nas profundezas de Deus.

Estivemos considerando a união da nossa alma com Deus. E vimos que, por meio de comparações, podemos ter uma idéia de como ela é profunda: como o ferro, por exemplo, que, aquecido ao fogo, muda do estado sólido para o estado líquido e adquire propriedades novas, não se podendo separá-lo do fogo que o transforma.

No céu, os eleitos vêem Deus face a face, sem intermediários. É a própria essência divina que se dá a eles para que a conheçam. Diretamente. Na nossa visão física, quando vemos um objeto, pensamos que o vemos diretamente, mas não é assim. Vemo-lo, porque há uma série de intermediários entre ele e a retina. Mas na visão face a face nenhum intermediário existe; é como se, na nossa visão física, a imagem se formasse diretamente na retina. Isto, porque a essência de Deus se dá a conhecer a nós, unindo-se a nós.

De forma que essa união entre os eleitos e Deus é verdadeira, real, porque Deus não pode ser visto, nem possuído, se não estiver, ele próprio, presente ao espírito de quem o vê e possui. Ele não pode ser amado, se não estiver efetivamente presente na vontade dos eleitos, como objeto de amor. O amor une mais do que o conhecimento. Daí a grande diferença entre conhecer Deus pela inteligência e conhecê-lo pelo amor, pela experiência de vida com ele. Esse conhecimento de Deus pelo amor ultrapassa muitíssimo o conhecimento dele pela inteligência. A pessoa que o conhece pelo amor, pode não saber explicar nada, pode não saber transmitir pelos meios da inteligência essa união de amor com Deus. Mas esta é efetiva e real, e produz os seus efeitos de vida eterna.

Por isso, também, nos Seminários de Vida no Espírito, vemos as pessoas passarem de um conhecimento intelectual apenas, para um conhecimento de coração, um conhecimento de vida, de amor. Por aí se vê a necessidade de a gente acolher primeiro o amor de Deus, se abrir para ser amado por Deus, receber esse amor de Deus dentro de si, no coração, porque ele é a própria essência de Deus, é Deus mesmo que se faz presente e nos une a ele, e se apresenta, em seguida, como objeto de nosso amor.

Primeiro nos invade, e somos o objeto do amor dele; em seguida, se oferece a nós como objeto do nosso amor. Nós o amamos *porque ele nos amou primeiro* (1Jo 4,10).

A graça é a condição que nos faz viver, desde agora, essa realidade. Ela é o começo, é o germe da glória, a semente da glória. Mas, como semente, participa da mesma natureza da glória. A graça que vivemos já é glória, embora não totalmente desabrochada. Por isso, a nossa união com Deus no céu começa aqui, pela graça. A nossa união com Deus pela graça é da mesma natureza que a nossa união com Deus pela glória! A diferença é puramente de intensidade. Deus está, então, substancialmente presente no cristão que possui a graça, como está presente nos eleitos do céu. A mesma união que eles têm lá, vendo Deus face a face, vendo Deus diretamente, nós a temos aqui, de uma maneira incoativa, inicial, mas real.

Não se trata, portanto, apenas de uma presença impessoal — como Deus está presente em todas as coisas que ele sustenta na existência, impessoalmente presente, por assim dizer — é realmente uma posse: possuímos Deus como objeto de nosso amor. E não só isto, mas também gozamos de Deus, quer dizer, fruímos de sua presença, nos deliciamos com ela. Ele se dá a nós, para que o possuamos na riqueza de sua plenitude.

Quanto à graça, em si mesma, nos é dada para gozarmos não somente dos dons divinos, mas também das próprias Pessoas divinas; de cada uma delas e todas. Sabemos que, para se gozar de alguma coisa, é preciso que ela esteja presente. Para termos o sabor do caju, por exemplo, é preciso que ele esteja presente, em contato com as nossas papilas gustativas. Senão, não teremos o gosto de caju na boca! É preciso a presença do objeto.

Para gozarmos do Espírito Santo, também, é necessário que ele esteja presente. E não só que esteja presente, mas também que esteja presente como objeto de nosso amor, como objeto de nosso conhecimento, como objeto de nossa fruição. Para isto, ele nos dá a graça. É mediante a graça que somos capacitados para essa fruição. Só podemos gozar da presença de Deus, amar a Deus, fruir de Deus, tendo em nós a vida da graça, isto é, tendo em nós esse organismo sobrenatural, que nos vem por termos sido mergulhados na morte e na ressurreição de Jesus em nosso batismo, e conservado essa vida pelos nossos atos.

Essa união, portanto, é progressiva. No céu, ela é plena, total e completa, e não avança mais, nesse sentido de progresso, como o entendemos. Mas Deus, sempre pode se dar como objeto de fruição de novas formas. Deus é infinito!

Mas nós, aqui, começamos, e o nosso crescimento na união com Deus é paulatino; vamos percebendo os seus efeitos, mais e mais, na medida em que mais cultivarmos a fé, os dons do Espírito Santo, as virtudes, e mais vivermos essa vida. Começamos como uma criança, e temos que ir exercendo esses dons, essas virtudes, essas faculdades novas, vivendo essa vida, para crescermos nela cada vez mais. O nosso batismo é apenas uma porta de entrada. Por isto, se chama sacramento de iniciação, porque com ele começa essa vida nova.

Moradas de Deus

Deus nos chama, pois; atendemos a esse chamado e recebemos dele uma vida nova; com essa vida nova, um organismo novo, sobrenatural, provido de faculdades novas. Assim como o nosso ser humano tem suas faculdades, assim também o nosso ser de filhos de Deus tem suas faculdades. A vida sobrenatural, que nos é dada pela graça habitual, exige, para operar e se desenvolver, faculdades de ordem sobrenatural com que Deus nos adorna, gratuitamente. E essas faculdades são as *virtudes infusas*, e os *dons do Espírito Santo*.

O homem justo, que vive da vida da graça e age por meio das virtudes que nele desempenham o papel de faculdades, necessita também dos sete dons do Espírito Santo.

Faculdades da Ordem Sobrenatural

Virtudes teologais Infusas	Fé — verdade
Graça cooperante (atividade)	Esperança — bem, bondade, felicidade
Objeto: Deus	Caridade — amor

	Prudência
Virtudes morais	Justiça
infusas	Fortaleza
	Temperança

	Temor
Dons do Espírito Santo	Fortaleza
Infusos	Piedade
Graça operante (docilidade)	Inteligência
Objeto: o bem honesto,	Conselho
diferente de Deus	Ciência
	Sabedoria

As nossas faculdades naturais, por si mesmas só podem produzir atos da ordem natural. Não podemos nunca esquecer isso, porque as pessoas vivem achando que tudo é natural, que nada é sobrenatural. As nossas faculdades da ordem natural só podem produzir atos da mesma ordem.

Se somos chamados por Deus a viver com ele essa vida de ordem sobrenatural, é necessário que as nossas virtudes naturais, as nossas faculdades naturais sejam aperfeiçoadas e divinizadas por essas novas maneiras de agir e de ser, que nos são infundidas por Deus para justamente elevá-las e auxiliá-las a operar sobrenaturalmente. Elas como que potencializam nossas faculdades naturais, para produzirem efeitos diferentes daqueles que produziriam, se agissem apenas por elas mesmas.

Deus, então, nos dá essas duas espécies de faculdades sobrenaturais: as *virtudes infusas*, que nos permitem operar sobrenaturalmente com o concurso da graça atual, que nós já vimos, e os *dons*, que nos tornam dóceis à ação do Espírito Santo, de tal maneira que somos guiados por uma espécie de instinto divino. Em Teologia se chamam "hábitos", porque são inerentes ao ser. Estão em nós habitualmente.

Os homens de mente natural são guiados por um instinto natural. Na medida em que vamos exercendo os dons do Espírito Santo, vamos aprendendo a ser guiados como que por um instinto divino. Em determinada situação, nosso instinto interior, nosso instinto divino, nos diz para fazer ou não fazer, para ir ou não ir; como faz o instinto natural. Assim, somos cada vez mais perfeitamente movidos e dirigidos pelo Espírito Santo.

Esses **dons** do Espírito Santo — e aqui eu me refiro aos sete dons, e não aos carismas: já vimos a diferença entre uns e outros — são **de santificação** e elevação da nossa natureza, para que possamos agir como filhos de Deus, guiados pelo Espírito Santo.

Os carismas são impulsos para a ação *no momento presente*. Os sete dons são *permanentes* em nós. Os carismas são impulsos do Espírito Santo para que ajamos de determinada maneira, em determinado momento, *para o bem comum*. Os sete dons são *para a nossa santificação pessoal*.

Na medida em que vamos deixando as coisas naturais que atrapalham a nossa vida em Deus, a vida de Deus em nós, e que vamos, como diz a Escritura, pondo "*à morte os atos da carne*" (Rm 8,13), mortificando a carne e praticando as virtudes infusas, vamos adquirindo uma maleabilidade sobrenatural que nos torna totalmente dóceis às inspirações do Espírito Santo. Portanto, essa docilidade ao Espírito Santo vem pela prática: pela prática das virtudes, pela prática dos dons, e pelo afastamento das coisas que impedem o livre fluir das graças de Deus em nós.

A diferença essencial entre as virtudes e os dons vem da maneira por que operam em nós.

No exercício das virtudes, a graça nos deixa *ativos*. Quer dizer, nas virtudes, somos nós que agimos.

No uso dos dons, quando já atingiram um bom desenvolvimento em nós, a graça exige de nós, não que sejamos ativos, como no caso das virtudes, mas sim *dóceis, maleáveis*, ao Espírito Santo; mais maleabilidade do que atividade. Por que? Porque o exercício dos dons nos vai preparar, de maneira mais especial, para a vida de união com Deus, para a vida unitiva, em que ele é quem toma as iniciativas.

Sempre recorremos, aqui, a comparações, porque tudo ultrapassa a nossa capacidade de entendimento direto. Quando nascemos para a vida de Deus, nascemos como crianças, como quando nascemos de um pai e uma mãe humanos. Quando a mãe quer ensinar a criança a andar, ela a sustenta, segura sua mão, deixa-a andar um pouco, apenas ampara para que não caia; toda vez que há um obstáculo grande na frente, toma-a nos braços e põe-na do outro lado; ou quando a criança está meio cansada, toma-a no colo.

Quando a mãe toma a criança pela mão, e a segura e impede de cair, a criança está andando, exercendo a sua própria capacidade de andar. A mãe apenas a ampara para que não caia. Este é o caso das *virtudes infusas*. A atividade permanece nossa, mas as virtudes vão dirigindo a nossa atividade e fortalecendo-nos.

Quando é para passar um obstáculo, a mãe pega a criança, levanta-a e a passa para o outro lado; quando a criança está cansada, a mãe a pega no colo. Este é o caso dos *dons* do Espírito Santo. A iniciativa é do Espírito Santo, nós nos deixamos levar.

No caso das virtudes, a graça se chama "cooperante", porque opera junto conosco. Nós agimos, a atividade é nossa, mas a graça opera junto, para a gente não cair, para a gente não se desviar.

No caso dos dons, não se trata de graça cooperante, porque não operamos; é ela que opera. Por isso se chama graça "operante": ela opera e nós permanecemos dóceis à sua operação em nós.

Conseqüência: normalmente os atos feitos sob o influxo dos dons do Espírito Santo são muito mais perfeitos que os praticados somente sob a influência das virtudes, justamente porque, no caso das virtudes, somos mais ativos e as virtudes apenas nos secundam, e, no caso dos dons, a ação é do Espírito Santo, e, portanto, mais poderosa e fecunda.

Vamos ver, com mais detalhes, nossas novas faculdades.

As virtudes infusas

Essas virtudes se dividem em dois tipos: *teologais* e *morais*. Quando somos justificados, no momento mesmo da justificação, isto é, quando somos inseridos no corpo místico do Cristo, recebemos as virtudes *teologais* da fé, esperança e caridade, as virtudes *morais* (prudência, justiça, fortaleza, temperança), e os *dons do Espírito Santo*: sete virtudes infusas e sete dons de santificação.

Por que umas virtudes são teologais e outras morais? Por causa do seu objeto.

As virtudes teologais

As virtudes teologais têm por objeto Deus, ou um atributo divino:

A **fé** nos une a Deus como a suprema verdade. Por isto, ela é a contrapartida, digamos assim, no nosso organismo sobrenatural, da inteligência natural, cujo objeto é a verdade no mundo criado. A nossa inteligência natural busca a verdade. O objeto da fé é também a verdade, mas a verdade como atributo divino. Deus se dá à fé como objeto de conhecimento. A fé, então, por ser virtude infusa, parte de nosso organismo sobrenatural, tendo por objeto o próprio Deus como verdade que ele é, é infinitamente superior à nossa inteligência humana, que tem por objeto a verdade no mundo criado, infinitamente inferior à verdade que é Deus, que criou essas coisas todas.

Assim, a virtude da fé é, léguas, superior à nossa inteligência. E a menor criaturinha que viva intensamente a sua vida de fé, guiada pelo Espírito Santo no seu organismo sobrenatural, entende muito mais que qualquer sábio que só funcione pela sua inteligência natural. É bonito, não? *"O menor no Reino dos céus é maior do que João Batista"* **(Mt 11,11)**. Dificilmente poderemos esgotar a riqueza dessa palavra de Jesus de que *"o menor no Reino dos céus é maior do que João Batista"*, que era, entretanto, o maior entre os nascidos de mulher.

A fé, então, une-nos a Deus como suprema verdade; e nos ajuda a ver e a apreciar tudo à luz divina. Podemos julgar as coisas, ver as coisas, apreciar as coisas, à luz de Deus, pela fé. São Paulo diz que *"o homem espiritual tudo julga e não é julgado por ninguém"* **(1Cor 2,15)**, referindo-se a esses dois níveis de vida, a vida sobrenatural e a vida natural.

A **esperança** nos une a Deus como fonte do bem, da bondade, da felicidade, sempre disposto a derramar sobre nós os seus benefícios, para consumar a nossa transformação. Ela nos ajuda a fazer atos de confiança absoluta e de entrega filial nas mãos de Deus como bondade, como sumamente bom em si mesmo, o bem absoluto.

A **caridade** nos faz amar Deus como ele próprio se ama, quer dizer, com o próprio amor de Deus. Amá-lo acima de todas as coisas, amá-lo por si mesmo, e amar o próximo por amor de Deus. Sob a sua influência, nós nos comprazemos nas perfeições infinitas de Deus, nos alegramos com as perfeições de Deus, mais do que se fossem nossas, porque amamos Deus mais do que a nós mesmos. Admiramos Deus, por ele mesmo, por sua imensa beleza, por tudo o que ele é. Desejamos que essas perfeições de Deus sejam mais conhecidas, sejam glorificadas; que todos se extasiem diante dele. Vendo as perfeições de Deus, vamos a todos, dizendo: "Vejam vocês também, que maravilha é o nosso Deus!"

A caridade nos faz querer levar todos à contemplação dessas perfeições maravilhosas! E travamos com Deus uma amizade, uma amizade santa, em que ele nos fala como um Amigo fala com o seu amigo. E falamos com ele como um amigo fala com seu Amigo. Tudo isso é efeito da caridade, essa virtude teologal infundida em nós, no nosso batismo, na nossa justificação. Ela nos faz ter com Deus uma familiaridade deliciosa, doce, tranqüila, de confiança, de certeza, familiaridade única. E assim, pelo amor de Deus em nós, vamos sendo transformados, para ficarmos cada vez mais semelhantes a ele.

A vida em nosso organismo sobrenatural, o exercício de todas as suas faculdades, tende a nos fazer cada vez mais semelhantes a Deus. Quanto mais vivermos nesse nível e praticarmos essas virtudes, essas nossas faculdades novas, tanto mais vamos mudando, nunca sendo os mesmos. A cada instante somos diferentes! Por isto, eu não canso de dizer que não conhecemos ninguém. São Paulo disse: *"mesmo que eu tivesse conhecido Cristo segundo a carne, não o conheço mais assim"* **(2Cor 5,16)**. Por que? Porque o conhecimento segundo a carne nos fixa num determinado momento do tempo e do espaço, e tendemos a fixar a pessoa como a vimos naquele momento. E nos perguntam: "Como é fulano?" E nós damos toda a ficha: "Fulano é assim, assim, assim..." É como no computador: põe-se um disquete, aperta-se um botãozinho e lá vem toda a ficha do cara.

Entretanto, quando exercemos as nossas faculdades sobrenaturais, no nível de vida sobrenatural, não mais vivendo apenas no nível da carne — porque isso é para aqueles que não conhecem Deus — vamos sendo transformados de minuto a minuto! Como diz aquele texto bonito: *"Renovam as suas forças, abrem asas como as águias, correm e não se cansam"* **(Is 40,31)**. A cada momento somos renovados! Não somos mais aqueles do momento anterior: uma coisa nova se opera em nós, que modifica todo o nosso ser e vai nos tornando cada vez mais semelhantes ao nosso Deus! É muito bonito!

Portanto, essas três virtudes teologais nos unem diretamente a Deus. Têm por objeto Deus, e por finalidade unir-nos diretamente a ele.

As virtudes morais

As outras virtudes infusas, chamadas morais, têm por objeto não mais Deus como tal, diretamente considerado, mas um bem honesto, diferente de Deus. O motivo dessas virtudes morais é a própria honestidade desse bem.

Elas favorecem e perpetuam a nossa união com Deus pelas virtudes teologais, porque vão regulando as nossas ações de tal maneira que, apesar dos obstáculos que se encontram dentro e fora de nós, nos fazem tender sem cessar para Deus.

Assim, se pelas virtudes teologais temos diretamente Deus por objeto, pelas virtudes morais nossas ações são de tal maneira reguladas, que todas tendem, sem cessar, justamente para Deus como o bem supremo.

A *prudência* nos leva a escolher os melhores meios para o nosso fim sobrenatural.

A *justiça*, que nos faz dar ao próximo o que lhe é devido, santifica as nossas relações com os nossos irmãos, de tal maneira que nos aproxima de Deus. Por isso, muitas vezes, *justiça* é empregada no mesmo sentido que *santidade*. O homem justo é o homem santo. Por que? Porque a justiça santifica as nossas relações com os nossos irmãos, aproximando-nos, assim, de Deus.

A *fortaleza* nos arma, nos fortalece para a provação e a luta. Não esmorecemos, porque ela nos faz levar com paciência os sofrimentos, e encetar com coragem, com arrojo, com energia santa, qualquer trabalho, por árduo que seja, para promover a glória de Deus.

A *temperança* modera, em nós, a ânsia do prazer, que faz parte de nossa natureza caída. O prazer desregrado nos afasta de Deus, e nós somos assim, desordenados. A temperança põe ordem nessa desordem, modera em nós a ânsia do prazer e o subordina à lei do dever, do que se deve fazer. As pessoas que agem sem o influxo desta virtude buscam o prazer acima de tudo, de uma maneira desordenada, qualquer que seja ele, e se tornam escravas deles. O que nos faz, justamente, deter essa sedução e avassalamento do prazer, é a virtude moral infusa da temperança. Não é mérito nosso ter essa virtude, porque nos é dada, no nosso batismo, pelo Espírito Santo.

Ele nos dá todas essas virtudes. São infusas, como os dons. Apenas devemos exercê-las. Todas elas desempenham papel importantíssimo em remover obstáculos, e nos dão meios positivos para nos levar a Deus e a ele unir-nos.

Quanto aos *dons*, sem ser mais perfeitos que as virtudes infusas — a caridade é a mais perfeita — aperfeiçoam o exercício de todas elas.

Muita gente fica parada, pensando: "Ah! mas, será que estou exercendo a virtude da prudência? Ou será que é a justiça? Ou será que não é nenhuma? Como é que eu faço? Como é que vou saber que tenho os dons? Como é que vou saber se não tenho os dons?" E ficam nessa introspecção angustiada na sua mente, e não vivem, realmente, a vida que já está nelas, e que independe da inteligência e da compreensão.

O exercício das virtudes se faz com esforço nosso, cooperando a graça com a nossa atividade. Os dons se exercem sem esforço, porque o Espírito Santo aperfeiçoa o exercício de todas eles, tornando-os numa espécie de "instinto"; um instinto divino, que nos leva a fazer todas as coisas como que automaticamente, sem muito trabalho e sem muita elocubração.

Senhor, nós vos louvamos e bendizemos, porque nos proveis, realmente, de todas as coisas de que necessitamos. Bem nos diz a palavra de São Pedro, que já nos tendes dado tudo o que é necessário para nossa vida convosco! Já temos tudo em nós! Basta exercer, basta viver convosco a vida que nos dais. Assim, vos pedimos que nos ilumineis e acompanheis a cada momento, a cada passo neste dia que começa, e em toda a nossa vida, para que possamos crescer, cada vez mais, na vida convosco, e nos tornar, cada vez mais, semelhantes a vós, como quereis.

Muito obrigado, Senhor!

Glória a vós, Senhor!

Amém!

Capítulo 15

A Vida Cristã

Senhor, nós vos louvamos e bendizemos, porque nos amais e nos chamais a viver de vossa vida; vosso Espírito Santo nos ensina todas as coisas, e nos dá todos os dons, graças e bênçãos, os impulsos e as inspirações de que necessitamos a cada momento e a cada passo.

Nós vos agradecemos porque não nos deixais sozinhos nunca, e nos assistis sempre, porque sabeis que somos crianças que não aprenderam ainda a andar.

Derramai sobre nós o vosso Espírito Santo, que nos ilumine e nos prepare para receber em nosso coração tudo o que tendes para nós!

Muito obrigado, Senhor!

Amém!

Temos, pois, um organismo sobrenatural, provido de faculdades sobrenaturais, que são de dois tipos: as virtudes e os dons do Espírito Santo.

As virtudes, vimos, são faculdades, poderes de ação que nos permitem agir de maneira sobrenatural, sob o poder do Espírito Santo, mas ativos, colaborando conosco o Espírito Santo; enquanto que, nos dons, somos antes obedientes que ativos, pois é o Espírito Santo que toma a iniciativa.

No caso das virtudes, ele colabora conosco; no caso dos dons, nós nos deixamos levar por ele, e, por isto, a operação dos dons, embora não substitua a das virtudes, é de ordem superior por causa do próprio poder e iniciativa do Espírito Santo. Mas os dons, sem as virtudes, também não funcionam. Os dois colaboram, funcionam juntos, as virtudes e os dons, cada um no seu papel, para que possamos, realmente, agir, pensar e existir como filhos de Deus, guiados pelo Espírito Santo de Deus.

As virtudes são de dois tipos:

— as que têm por objeto Deus e as coisas de Deus, e são chamadas teologais: a fé, a esperança e a caridade;

— as que têm por objeto um bem honesto, distinto de Deus, diferente de Deus, mas que levam, também a Deus, e são chamadas morais: a prudência, a justiça, a fortaleza, a temperança.

Temos estas sete virtudes, e ainda os sete dons: sabedoria, inteligência, ciência, conselho, piedade, força e temor de Deus. De um lado, sete virtudes, de outro lado, sete dons.

Talvez fosse bom, agora, recapitular um pouquinho, para entender melhor a operação do Espírito Santo em nós.

A vida cristã é assim chamada, porque nos foi trazida por Cristo Jesus. Ela já é a nossa vida do céu, a vida eterna, principiada agora, no tempo e no espaço; tem tudo o que a vida eterna tem, mas em semente. Tem todos os seus elementos, menos um, que é a visão face a face de Deus: ainda não vemos Deus face a face. Mas, tudo o mais que se vai viver no céu, já temos aqui, na nossa vida de filhos de Deus.

Por isso Jesus disse que *"quem não nasce da água e do Espírito não pode entrar no Reino"*, *"quem não nasce do alto não pode ver o Reino"* **(Jo 3,3-5)**. Porque, com o nosso batismo, já recebemos, aqui, a vida eterna. E Jesus disse: *"Esta é a vida eterna: que te conheçam a ti, (Pai), único Deus verdadeiro, e a teu enviado Jesus Cristo"* **(Jo 17,3)**. Devemos crescer nesta vida, e o Espírito Santo nos leva a esse crescimento. Como nos falta, ainda, a visão face a face de Deus, o nosso amor não será tão inflamado como quando a tivermos. Quando contemplarmos Deus face a face, nada nos poderá afastar dele, porque o nosso amor será totalmente absorvido nele; não haverá outros amores.

Mas, enquanto estamos crescendo na vida eterna, pode surgir uma coisa ou outra que desvie o nosso amor de Deus para uma criatura. É possível, portanto, perder essa vida. A gente corre muito perigo! Somos atacados por tentações de todos os lados, e, se nos deixarmos levar por elas e pelos movimentos interiores de nossa natureza caída, podemos nos afastar da vida eterna, até chegar a perder a possibilidade de vivê-la no céu.

Assim, este período aqui na terra, vivendo sob a ação do Espírito Santo, é um período em que devemos, realmente, vigiar e orar. Mas, o fato de não vermos Deus face a face, não diminui, em nada, a vida eterna em nós, porque possuímos Deus de uma maneira tão real, tão substancial quanto lá! Ele se dá a nós totalmente, para que o possuamos totalmente. A graça santificante é o princípio da vida sobrenatural em nós. Tendo-a, possuímos Deus tão real, tão concretamente, quanto os bem-aventurados no céu.

Deus está em toda parte, e está inteirinho onde quer que esteja. Em toda parte Deus está, e ele está todo, onde está: não está um pedacinho aqui e outro lá; está inteiro onde quer que esteja. Isto não podemos imaginar com facilidade, mas é o caso, por exemplo, da Eucaristia. Na hóstia consagrada, Jesus está inteiro; quando partimos a hóstia, ele está inteiro em cada pedaço. E se partirmos de novo, ele não é dividido, mas estará todo em cada um dos pedaços, e assim por diante.

Isto não concebemos com muita facilidade, porque a nossa lógica nos diz que o todo não cabe em suas partes, e a lógica de Deus subverte a nossa, fazendo cada parte conter o todo, que, no entanto, é maior que suas partes. Assim, Deus, Espírito infinito, está em toda parte e não está circunscrito por coisa nenhuma. Deus está em toda a criação: onde quer que ele crie, conserva, faz agir, e está ali por inteiro.

Quando dizemos que Deus é imenso, isto significa que não há medida que o contenha. Está absolutamente presente em tudo, por sua Pessoa, real e substancialmente. Não pode fazer as coisas sem criá-las. E não pode criar, sem estar lá onde cria, porque não há intermediários entre Deus e a criação, entre Deus e uma criatura. Ele cria, e continua a manter, a sustentar essa criatura na existência. E como ele é o Criador e Mantenedor de todas as coisas, está inteiro em todas as coisas.

Esse é um modo de presença, como vimos: presença por "essência", que difere do modo de presença pela qual ele está na alma do justo, pela graça.

Se está, por inteiro, em todas as coisas, é que isto é preciso, porque ele não só produz o ser de todas as coisas, mas também o mantém em existência. Mas está aí, sem percepção da parte da criatura, com uma indiferença completa do lado dela. A criatura nem sabe que Deus está ali! Não tem nenhum relacionamento pessoal com ele, não percebe a sua presença, nem tem meios de saber que recebe de Deus o seu existir.

Por isto, tantas pessoas negam a existência de Deus, embora tendo sido criadas por ele, e ele estando presente nelas. É muito interessante saber que o Diabo existe, e existe porque Deus o criou e o mantém em existência: ele não tem existência independente de Deus. Se Deus deixasse de sustentá-lo na existência, ele desapareceria no mesmo instante! E, no entanto — e esta é a malícia do Diabo —, ele sabe disto, e faz tudo para contrariar Deus, porque o odeia. E odeia muito mais, porque sabe que não pode existir, sem que Deus o mantenha em existência.

Você percebe o tormento desse anjo caído? Deve ser um tormento desgraçado, odiar a Vida que o mantém vivo! Deve ser terrível! Deus está presente, mas essa relação não é uma relação de amizade, como no nosso caso. Ele está ali presente por sua essência, para sustentar o anjo caído em sua existência.

É um fato que este procura negar, tentando fazer os homens acreditar que ele existe por si mesmo, como um princípio contrário a Deus. Esta é a grande mentira dualista de todos os ocultismos e da chamada Nova Era: afirmam que há dois princípios, o do bem e o do mal, o branco e o preto, o *Ying* e o *Yang*, e que tudo faz parte da natureza divina.

Esta é a Grande Mentira. A fé cristã, fundada na Sagrada Escritura e nos ensinamentos da Santa Igreja, nos ensina que há um só Deus, que é Trindade, "o qual fez e criou todos os seres que existem, e na medida em que existem; de tal sorte que todas as criaturas, tanto as visíveis como as invisíveis, não fazem parte da natureza divina, mas foram tiradas do nada pelo mesmo Deus". (*Fé Cristã e Demonologia*, L'Osservatore Romano, 6.7.75, pg 9).

Quanto ao homem, Deus já lhe coloca na alma um poder longínquo de o conhecer e amar. Como diz São Paulo, o homem pode conhecer Deus, chegar a Deus através da criação, e ter um princípio de amor a Deus (cf. **Rm 1,18-32**).

Quando, porém, a alma possui a graça santificante, que é uma participação da própria natureza divina, da vida divina, que lhe permite fazer atos reservados a Deus — não da mesma maneira como Deus os faz, mas de uma maneira deifor-

me, adequada à sua condição de criatura —, ela pode conhecê-lo como ele se conhece; pode amá-lo como ele se ama, tudo porque tem a mesma natureza dele, em participação. Ela vive a mesma vida dele, em participação. Pode, pois, conhecê-lo, pode estar no Reino, ver o Reino, entrar no Reino, agir no Reino, porque tem essa participação! É capaz de apreender o seu Deus, porque é divinizada, pelo batismo e a graça santificante que dele lhe advém. Quer dizer, no seu plano de criatura, ela pode fazer esse ato soberano de Deus, que se compreende, se possui a si mesmo, por seu conhecimento, seu amor e sua vida eterna.

Somos, assim, chamados à intimidade com Deus. Deus se dá a nós como um amigo se dá a seu amigo, se abre a nós, nos revela todas as coisas, mesmo as mais íntimas; o Espírito Santo, diz São Paulo, está em nós, e *"perscruta as profundezas de Deus e no-las faz conhecer"* (1Cor 2,10-12). Esse nosso relacionamento com Deus é um relacionamento pessoal, que nos eleva infinitamente acima da nossa condição de criatura.

Quando a alma, desta forma, é capaz de apreender Deus, Deus permanece nela duplamente:

— Por essa presença necessária, que ele tem em todo ser, sustentando-a na existência, e

— porque a alma, por seu amor, tem o poder de se abrir à presença pessoal de Deus, tornando-se capaz de receber e hospedar o hóspede divino.

É o que se chama a habitação de Deus na alma dos justos. Deus está ali como em sua casa. A alma abre-se para receber o Espírito Santo, o Espírito divino, e por seu pensamento e seu amor divinizados por ele, passa a ter o poder de tocar o Espírito Santo, de tocar Deus, conhecê-lo, amá-lo; de entrar em relação com ele, num tipo de relação desigual — não é relação de igual para igual; é desigual porque um é Deus e o outro é criatura —, mas relação íntima, porque de uma parte e de outra tem-se compreensão e amor, de Deus para conosco e de nós para com Deus!

A vida cristã, é, pois, a habitação pessoal de Deus na alma que se abre para dar-lhe hospitalidade. Ela não é a simples aplicação de uma série de normas morais, como muitos parecem pensar. Muita gente diz assim: "fulano não é cristão, mas é muito mais cristão do que muita gente que eu conheço". Por que? Porque faz o bem, porque age com bondade, faz isto, aquilo e aquilo outro. A vida cristã tem também isto, mas não é só isto: ela implica em união com Deus e na habitação de Deus na alma, que se abre para dar-lhe hospitalidade.

Isto se realiza pelo poder que faz dos homens filhos de Deus: *"Aqueles que o receberam, aqueles que nele creram, a esses deu-lhes o poder de se tornarem filhos de Deus, os quais não nasceram da carne, nem da vontade do sangue, nem da vontade do homem, mas sim de Deus"* **(Jo 1,12)**. Temos tudo isso, quando estamos, pela misericórdia de Deus, em estado de graça, isto é, quando Deus mora no fundo de nós mesmos.

Quando desejamos viver na presença de Deus, é no fundo de nós mesmos que devemos procurá-lo. Ele é o nosso hóspede interior, o amigo com quem podemos manter com familiaridade uma vida íntima, santificante, realmente cheia, de tal modo cheia que não deixa nada a desejar!

A alma, nesse estado, é uma semente de eternidade. Semente de eternidade! Na semente há tudo o que está na planta; tudo o que fará a planta, na semente já está! Basta que seja nutrida pela umidade, pela terra, pelo sol, para que tudo se desenvolva. Mas isto não vai modificar a natureza da semente. A semente de girassol, com o sol, a terra e a umidade, não vai mudar para dar uma laranjeira! Deus diz: *"cada qual segundo a sua espécie"* **(Gn 1,11.21.25)**, segundo sua semente. E nós somos semente de eternidade!

Quando uma criança nasce de um homem e de uma mulher, é o sêmen masculino que vai fecundar o óvulo. Quando nascemos de Deus, é ele que vem a nós como germe fecundante. São Pedro nos diz que não fomos gerados de novo *"de uma semente corruptível"* (como de nossos pais na terra), *"mas de uma semente incorruptível"* **(1Pd 1,23)**. É uma semente incorruptível o germe fecundante que se encontra no interior da alma. Tudo isso faz de nós semente da eternidade, semente da bem-aventurança celeste. O desenvolvimento dessa semente é visível na nossa vida e na vida dos irmãos, quando guiados pelo Espírito Santo de Deus!

Essa semente em nós, que é a presença do germe fecundante de Deus, a presença dessa vida nova, a presença dessa nova natureza, a presença da vida divina, faz com que, no fundo, o céu e a nossa alma sejam semelhantes. Tudo o que está em nós está preparado, é a semente daquilo que há no céu, só que não é ainda a época da colheita. Quando formos trigo maduro, o Senhor vem e nos leva para os celeiros celestiais, para onde não poderíamos ir se já não fôssemos semente de trigo celestial aqui.

Esse dom é efeito do batismo. Quando a criança é batizada, Deus se faz nela substancialmente presente, e, pela graça santificante, ela passa a ter, naquele momento, a capacidade de apreender Deus. Naquele momento já se pode estabelecer um diálogo, uma intimidade, uma familiaridade. Por isto, vemos tanta criança falando com Deus, e falando de Deus de uma maneira que os pais ficam admirados, tendo eles próprios já perdido aquela familiaridade com Deus que, quando crianças, devem ter tido. O Senhor se queixa de que somos crianças tolas **(cf. Mt 11,16)**, de que nos deu cinco sentidos, e não temos senso.

Ele quer que sejamos crianças sábias e dependamos inteiramente dele. Mas não, preferimos continuar como adultos, dependentes de nós mesmos. É um perigo, porque, se não dependermos dele, nosso Deus e Senhor, certamente iremos depender de Satanás **(cf. Mt 12,30)**. Os adultos complicam tudo. E a coisa é basicamente muito simples: escolher Jesus é escolher a vida; escolher outro que não ele, é escolher a morte. Todo o nosso caminho é uma batalha entre as duas, a vida e a morte. Nada perdemos ao entregar nossa vontade a Jesus; ao contrário, ganhamos a vida. Jesus quer de nós entrega, abandono, dação, simplicidade. Por isto, diz: *"se não voltardes e vos fizerdes como crianças, não entrareis no Reino"* (Mt 18,2). Temos que ter, adquirir de novo, readquirir essa familiaridade simples e tranqüila, essa confiança íntima, que tem a criança com Deus!

A vida eterna brota das profundezas da alma santificada pela graça. Ela é a revelação daquilo que ainda não somos. Aquilo que ainda não somos, mas que é, em nós, semente. Como a árvore que ainda não está grande, mas que existe toda na semente, assim nós, o que ainda não somos, já somos!

De certa maneira, é o futuro que nos chama: é a árvore pronta que chama a semente. É a imagem que Deus tem de nós, segundo a qual ele nos criou, que nos chama! É como o ideal do arquiteto — a casa pronta —, que polariza a reunião de todo o material, que comanda a maneira de fazer, para que ela se concretize.

Não podemos, pois, viver no passado, nem do passado, nem olhando para o passado. Por que? Porque o passado não constrói! O que constrói é o futuro. Vejam se entendem isto: o que nos constrói é o futuro! É aquilo que nós já somos na mente de Deus, isto é o que nos constrói, e não a experiência do passado. São Paulo diz: *"Não alcancei ainda, mas, esquecendo o que fica para trás, lanço-me para aquilo que tenho adiante, olhando para a meta, para o prêmio da soberana vocação de Deus, em Cristo Jesus"* (Fl 3,13-14).

Muitos dizem: *"Ah, experiências do passado! Vamos olhar para o passado para ver..."* A Sagrada Escritura, porém, nos chama para o futuro! Jesus, no Sermão da Montanha, nos mostra o futuro. É para aí que nós temos que olhar. É esse futuro que deve dirigir a nossa vida, e não o passado! *"Ouvistes o que foi dito aos antigos"*, mas isto não interessa mais: *"Eu, porém, vos digo..."* (Mt 5,21.27.33.38.43). Eu vos digo agora: esqueçei o que foi dito aos antigos; não serve para os que nasceram de novo.

Os poderes do Espírito Santo, diz a Escritura, são *"poderes do mundo vindouro"* (Hb 4,4-5), não são poderes do passado! Nós não usamos poderes do passado, como muitos que ficam iludidos, querendo deter-se no âmbito de poderes parapsicológicos, poderes da mente, poderes mágicos. São coisas passadas, não interessam mais. "Ah! **A parapsicologia explica!**" Pode, talvez, explicar coisas do passado, da criação antiga; mas não é o que está acontecendo conosco, porque nós, "que estamos em Cristo Jesus, somos uma nova criação: o velho passou" (2Cor 5,17), somos do futuro!

Todos os nossos poderes, provindos do Espírito Santo de Deus, são do mundo vindouro, e não do mundo passado! Procurem entender isto, para não ficar balançando quando vier alguém e disser: "Use os poderes parapsicológicos, os poderes da mente, os poderes mágicos". Digam-lhe que vocês preferem ficar com Jesus, e usar os poderes que ele lhes confere, no Espírito Santo de Deus.

São João diz que *"aquilo que seremos não apareceu ainda"* (1Jo 3,2). Não apareceu, mas já é! *"Quando ele aparecer nós o veremos tal qual ele é"* (idem). E por que o veremos tal qual ele é? *"Porque seremos semelhantes a ele"* (idem)! Diz São João ainda: *"Assim como ele é, assim somos nós neste mundo"* (1Jo 4,17). Vocês não entendem isto? "Assim como ele é, assim somos nós neste mundo"! Já somos assim como ele é. E vivemos neste mundo a vida divina; já temos a natureza divina aqui. Assim como ele é, já somos aqui. São João não diz que seremos: Assim como ele é, assim somos nós aqui neste mundo!

Quando ele aparecer, nós o reconheceremos tal qual ele é. Por que? Porque temos a mesma natureza, temos a mesma vida, delas participamos, e o Espírito Santo nos une, nos transforma. Temos essa semente de eternidade em nós, por isso nós o veremos tal qual ele é! O que seremos não apareceu ainda, mas já é; no fundo de nossas almas já existe tudo o que é necessário. São Pedro diz: *"Tudo o que é necessário à vida de piedade"* (2Pd 1,3), tudo o que nos é necessário já nos foi dado por Deus. Já nos foi dado; não vai ser dado: já nos deu! Está em nós!

Tudo o que fará a nossa bem-aventurança no céu, existe agora em nós. Deus está substancialmente presente. O Pai está aqui; o Filho está aqui, o Espírito Santo está aqui; aqui, o Pai engendra o seu Verbo Eterno; o Verbo, expressão perfeita do Pai, reflete o Pai, e os dois se amam dentro de mim, dentro de nós. Desse amor procede o Espírito Santo em nós; essa vida de Deus se passa dentro de nós. Entendam isso! Não fiquem imaginando um Deus longínquo, uma eternidade que não sabem onde é!

O Pai a gerar o Filho, o Filho a refletir o Pai; os dois a se amarem. Ah, que beleza! O mistério da Santíssima Trindade! Longe? Não, aqui, dentro do peito. Isso quer dizer que estamos no coração de Deus. Onde maior intimidade, maior amizade, maior abertura de Deus? Ele nos coloca justamente no ponto em que o Pai gera o Filho, o Filho reflete o Pai e os dois se amam, gerando o Espírito Santo. Nesse ponto, que é a eternidade de Deus, aí estamos nós, criaturas sim, mas elevadas até essas alturas pela bondade, pelo amor, pela misericórdia de Deus soberano!

Se entenderem isso, essas coisas menores que todos os dias acontecem, não os afetarão. Muitos não entendem isso, e ficam achando que Deus está longe, e que são independentes de Deus, e têm que trabalhar, e lutar, e fazer por sua própria conta. Assim ficam presos a mil laços que o inimigo e a natureza decaída colocam ante seus pés, a cada passo. Nunca poderão olhar as coisas com o olhar de Deus, e só olhando as coisas com o olhar de Deus é que temos a serenidade, a paz, o poder de fazer as coisas e não ser dominados por elas.

É uma vida de intimidade, então, no conhecimento e no amor. A alma cristã, pela fé, é testemunha desse espetáculo tão extraordinário que nela se passa, e deve colocá-la em estado de adoração, porque o Deus três vezes Santo nela habita. Não deveríamos viver sem essa atenção ao hóspede interior, mas sempre em atitude de **adoração**, em estado de adoração, em adoração permanente ao Deus Uno e Trino de quem somos templo.

Nossa atenção às coisas de fora virá apenas em função dessa adoração interior. Devemos existir, falar, agir, sem prejudicar esse estado de adoração. Então, como que instintivamente, deixaremos de lado tudo o que interfira com esse estado de adoração.

Deus, então, está lá! Mas somos, ainda, crianças; o Espírito Santo nos foi dado como um pedagogo, para nos ensinar a dar os primeiros passos, e depois aprofundar-nos nas coisas divinas. Somos uma semente, e ele vai trabalhando para essa semente germinar e dar a planta, e, depois, a flor e o fruto.

Desta forma, de um lado já estamos no fim, porque temos Deus conosco; de outro lado, estamos no começo, porque não temos Deus conosco *para sempre*, como os justos no céu, os santos no céu! E não contemplamos, ainda, Deus na sua perfeição, face a face, na sua glória. Nós já temos, mas não ainda! E entre esse já ter e não ter ainda, é que vai se passar a nossa vida cristã, o nosso crescimento da semente à árvore que produz fruto.

A criancinha que morre logo depois do batismo é transportada imediatamente ao céu. Nós, porém, temos que fazer frutificar os dons que Deus nos deu, porque ele colocou tudo isto em nós, para que vivamos desta maneira, ajamos desta maneira, pensemos desta maneira, sintamos desta maneira. Esta parte toda depende de nós.

Temos muitos obstáculos. Somos muito ignorantes. Mas o Espírito Santo está em nós justamente para isto, para nos levar ao termo. Podemos andar um pouco mais depressa, ou um pouco mais devagar, na obtenção de uma visão mais ou menos completa de Deus, uma posse maior ou menor desse Bem Infinito que é ele! Tudo vai depender de nós. Deus já fez tudo, já nos deu tudo. Compete a nós, então, pô-lo em prática.

Senhor Jesus, muito obrigado, porque nos revelastes o Pai e o Espírito Santo. E nos revelastes o plano do Pai, de fazer de nós seus filhos adotivos, participando da sua natureza, sendo co-herdeiros convosco, do Reino, da vida! Queremos que tudo isso produza o seu fruto no tempo oportuno, conforme é de vossa vontade.

Muito obrigado, Senhor! Abençoai nosso dia, todos os nossos familiares e as nossas casas, e que os vossos santos anjos nos guardem!

Muito obrigado, Senhor!
Glória a Vós, Senhor!
Amém!

Capítulo 16

Levados pela Graça

Pai santo, nós vos louvamos e bendizemos, por tudo o que sois e fazeis. Por esse vosso plano maravilhoso de nos fazer vossos filhos; de fazer-nos participar da vossa vida, da vossa intimidade, pela ação de vosso Espírito Santo em nós, que nos transforma e nos dá capacidades novas, maneiras novas de ser e de viver, capacitando-nos a ter esse relacionamento de amor convosco.

Nós vos pedimos que isto se realize plenamente em cada um de nós.

Que possamos entender-vos e ser dóceis às menores inspirações de vosso Espírito, para sermos, realmente, vossos filhos, como quereis, cada vez mais semelhantes a Jesus.

Muito obrigado, Pai!

Glória a Vós, Senhor!

Amém!

Quando nascemos da água e do Espírito, o Senhor nos dá uma vida nova, participação da natureza divina, e, com isso, nascemos de novo, não mais, porém, com um corpo de natureza humana, mas com um corpo sobrenatural, um corpo espiritual, um corpo semelhante àquele de Jesus, um corpo glorioso!

Este corpo glorioso tem qualidades novas, um princípio vital próprio, virtudes e dons que são faculdades, maneiras novas de agir e de compreender, que nos capacitam, em suma, a viver essa vida nova de filhos de Deus, de filhos bem-amados do Pai, aqui nesse mundo.

Essa vida que começamos aqui, essa vida eterna que recebemos, é idêntica à que os bem-aventurados têm no céu, sem diferença; quando morrer nosso corpo natural e passarmos para o céu, não haverá transição de uma vida para outra: já temos a vida com que viveremos lá, a vida eterna.

Por isto, São Paulo desafia: *"Ó morte, onde está a tua vitória?"* (**1Cor 15,55**). É que já vivemos aqui a vida do céu, e quanto mais vivermos em nível de vida eterna, menos a morte terá significado para nós. Quanto mais vivermos nossa vida nova, o homem novo que somos, neste organismo novo que temos, menos a morte importará.

A Escritura diz que Jesus, *"pela sua morte, destruiu aquele que tinha o império da morte, isto é, o diabo, para libertar aqueles que, pelo medo da morte, estavam toda a vida submetidos à escravidão"* (**Hb 2,14-15**).

Isto é importante a gente saber, e mostra que o medo da morte não é natural em quem nasceu de novo: o medo da morte é de Satanás! É bom saber isto, porque muita gente diz que é cristã, e tem medo da morte. Por que se sujeitam a uma escravidão do Diabo, que a Escritura diz que foi destruída por Jesus em sua cruz?

De fato, se a pessoa tem medo da morte, é fácil aliená-la, é fácil forçá-la fazer coisas para não morrer. E o perigo é que, pelo medo da morte física, sejam levadas à morte eterna por não se apropriarem da vitória de Jesus, e continuarem sujeitas ao inimigo.

Donde uma segunda conclusão: convém que toda pessoa que tenha medo da morte, peça para ser libertada dessa influência do inimigo, que lhe inculca este medo. A pessoa pode achar que seu medo da morte é natural, mas a Escritura diz que não, que é coisa do Inimigo.

Jesus, então, é aquele que, pela sua morte, nos traz a vida nova, a possibilidade de nascermos de novo, do Espírito Santo. Temos esse organismo, todas essas faculdades, e somos capazes de viver aqui na terra a mesma vida que os santos têm lá no céu, com exceção da visão face a face de Deus.

De fato lemos, no Antigo Testamento, e é uma tradição entre os judeus, que *"ninguém pode ver Deus e continuar vivendo"* **(Ex 33,20)**. Isto pode ser tomado em dois sentidos:

— que só se vê Deus face a face depois da morte;

— que nossa estrutura natural seria destruída, incapaz de suportar a intensidade plena dessa visão de Deus.

Ele pode, porém, atenuar essa intensidade, dando-nos uma visão do tamanho de nossa medida, mostrando-se a nós conforme a nossa capacidade. Isto, realmente, de vez em quando acontece; hoje em dia temos notícia de pessoas que vêem Jesus, ou que são transportadas ao céu, e vêem o esplendor de Deus.

Também, algumas pessoas que contam ter morrido e retornado à vida, narram terem sido levadas a um limiar da Cidade Santa, da Jerusalém celeste, que puderam contemplar de longe até que, por não ter chegado ainda a sua hora, o Senhor lhes disse: "é hora de regressar", e voltaram a esta vida.

Nosso organismo novo, como vimos, tem como princípio vital a graça santificante, que nos dá virtudes infusas, que são de dois tipos:

Virtudes que têm por objeto diretamente a Deus e são ditas virtudes *teologais*: fé, esperança e caridade.

Virtudes que têm por objeto um bem honesto diferente de Deus, ditas *morais*: prudência, justiça, força, temperança.

Além delas, recebemos os dons do Espírito Santo, que nos santificam e corroboram as virtudes. O Espírito Santo opera a nossa santificação, não só fazendo-nos ser filhos de Deus, mas também dando nova forma às nossas ações, para que sejam ações de filhos de Deus. Para a nossa santificação, ele nos dá os dons, os frutos, as bem-aventuranças; para a nossa ação, nos dá carismas e ministérios. Isto quer dizer que os carismas e ministérios, por eles mesmos não nos santificam: são-nos dados como manifestações do Espírito para o bem comum, para a edificação do Corpo de Cristo. O que nos santifica é a maneira com que os exercemos: no poder do Espírito, em obediência ao Espírito, e não em contradição a ele.

Com relação aos dons, eles, sem ser mais perfeitos que as virtudes infusas, aperfeiçoam o exercício de todas elas.

Dons	Fortalecem	Virtudes
Entendimento	☞	Fé
Ciência	☞	Fé
Temor de Deus	☞	Esperança, Temperança
Sabedoria	☞	Amor, Caridade
Conselho	☞	Prudência
Piedade	☞	Religião, Justiça
Fortaleza	☞	Fortaleza

O Espírito Santo não se contenta com animar-nos e dar-nos agir sobrenaturalmente. Ele nos quer conduzir, nos quer dirigir. Somos levados por ele. *"São filhos de Deus"*, diz São Paulo, *"aqueles que são movidos pelo Espírito de Deus"* (**Rm**

8,14). E ainda: *"Deixai-vos levar pelo Espírito Santo, e não correreis o risco de satisfazer a concupiscência da carne"* **(Gl 5,16)**.

Para nos tornar aptos a ser dirigidos por ele, o Espírito Santo nos comunica os dons que nos santificam. Estes dons são, ao mesmo tempo, energias e disposições que tornam mais eficazes a ação das virtudes teologais e morais, e mais pronta, mais ardente, a correspondência às inspirações dele. Já se compararam os dons às velas dum barco que captam o vento e facilitam, assim, o trabalho dos remadores; ou, ainda, à antena de rádio, que capta as ondas e permite aos ouvintes receber os pensamentos que atravessam o ar. Eles são, portanto, como velas ou fios receptores, capazes de captar as inspirações do Espírito Santo.

São numerosos. A Igreja escolheu alguns: os seis que são listados em **Isaías 11,2**, aos quais se acrescentou um sétimo, pois o número sete significa a plenitude. São como que as qualidades do amor divino, com que este dota o nosso amor. Delicado, terno, clarividente, forte, bom conselheiro, intuitivo e unitivo, o Amor divino qualifica com estes mesmos atributos o nosso amor humano.

• **Dom de temor**. O amor é delicadamente atencioso, presta atenção para não ferir de modo algum o objeto de seu amor, porque não teme nada tanto quanto desagradar o ser amado; assim, para o nosso amor ser como o dele, o Espírito Santo nos comunica *o dom de temor*, isto é, uma aptidão, uma qualidade pela qual torna o nosso coração capaz de captar a inspiração que lhe dá, deste "nobre temor". O dom do temor fortalece a esperança, desapegando-nos dos atrativos das coisas da terra, do mundo, da natureza humana, que poderiam levar-nos ao pecado, e, com isto, aumenta em nós o desejo das coisas do céu. Além de facilitar, assim, a esperança, o dom do temor aperfeiçoa em nós a virtude da temperança, fazendo-nos temer ofender a Deus e incorrer na reprovação e nas correções dolorosas que resultam do amor desregrado dos prazeres. Muitos prazeres levam ao pecado. Por exemplo, o prazer de comer pode levar à gula. Assim, ele nos ajuda a vencer a gula, a curiosidade, e outras más inclinações. É ele que nos dá esse afastamento que garante em nós, também, a serenidade.

• **Dom de piedade.** O amor sente naturalmente ternura pelo ser amado; por isso, o Espírito Santo nos comunica o *dom de piedade*, isto é, uma qualidade que transforma nosso coração de pedra em um coração de carne, capaz de captar a inspiração pela qual ele lhe inspira uma afeição filial por Deus, fazendo-nos reconhecê-lo como nosso Pai (Gl 4,6), e uma afeição fraterna por nossos semelhantes, fazendo-nos vê-los como nossos irmãos. Convém lembrar que piedade, no sentido estrito, não é compaixão: é amor filial, é amor a Deus. O dom de piedade aperfeiçoa a virtude da religião, que se relaciona com a justiça, e a justiça é o reto relacionamento com Deus. Assim, o dom de piedade é o dom do amor filial, e nos faz ver em Deus o Pai, e nos capacita a glorificá-lo e servir em santidade, no amor.

• **Dom de ciência.** O amor sabe bem discernir o que é bom e o que é mau para ele; assim, o Espírito Santo nos comunica o *dom de ciência*, isto é, uma qualidade que nos torna capazes de captar a inspiração pela qual ele nos capacita a ver tudo com os olhos de Deus, e nos inspira uma idéia justa, uma visão clara das criaturas, na sua relação com Deus. Esta visão clara, iluminando sobre a vaidade delas, sobre a sua incapacidade de satisfazer-nos, como também sobre seu verdadeiro significado, que é de refletir algo das perfeições divinas, permite a nosso coração conhecer melhor o verdadeiro objeto de seu amor, que é Deus, objeto que ele já descobrira pela virtude da fé.

• **Dom de força.** O amor é forte, *"forte como a morte"*, diz a Sagrada Escritura (Ct 8,6); o Espírito do Amor nos comunica, pois, *o dom de força*, isto é, uma qualidade que torna nosso coração capaz de captar a energia que ele lhe inspira, e pela qual ele completa sua virtude de força, a fim de permitir-lhe tender mais e melhor que nunca, e apesar de todos os obstáculos e fadigas, para o objeto de seu amor, objeto já melhor conhecido pela virtude da fé e o dom de ciência. O dom de *força* completa a virtude infusa da fortaleza. Dá-nos coragem, ousadia, força para praticar tudo o que é difícil, tudo o que é até heróico na nossa vida, em questão de paciência, de sofrimento, de ação, de tudo suportar por amor de Deus, em função da nossa vida espiritual. É este dom que nos permitirá dar, se preciso for, o testemunho do sangue, ser mártir, segundo a tradução da palavra grega, que significa testemunha.

• **Dom de conselho.** O amor é bom conselheiro, e assim é o Espírito de Amor, que nos comunica o *dom de conselho*, isto é, uma qualidade, graças à qual ele torna nosso coração capaz de captar as iluminações interiores pelas quais ele lhe inspira os caminhos e meios mais seguros para chegar ao objeto de seu amor, que é Deus, e para dirigir para Deus, o amor dos outros. A virtude da prudência, por seu lado, é aperfeiçoada, fortalecida, pelo dom de *conselho*. Este nos permite conhecer, nos casos particulares e difíceis, o que convém fazer, o que convém não fazer.

• **Dom de inteligência.** O amor é intuitivo, e tem grande acuidade de olhar; por isso, o Espírito Santo nos comunica o *dom de inteligência*, isto é, uma qualidade graças à qual ele torna nosso coração capaz de captar as intuições que ele lhe inspira, e pelas quais ele lhe permite penetrar *intimamente* ("Inteligência" vem de intus legere, isto é, ler no interior), de contemplar, mais além das palavras e imagens, o objeto de seu amor, que a fé lhe fez descobrir e o dom de ciência lhe permitia já discernir com mais nitidez. Ele aperfeiçoa a virtude da fé. Faz-nos penetrar mais profundamente as verdades da fé, para descobrirmos os seus tesouros, as suas harmonias misteriosas, vindas de Deus. A fé não é invenção humana; pertence ao nosso organismo sobrenatural, e é dada diretamente por Deus.

• **Dom de sabedoria**. Enfim, porque o Espírito Santo é o amor personificado; e o amor é unitivo, isto é, quer a união dos seres que se amam, ele nos comunica o *dom de sabedoria*, isto é, uma qualidade que torna nosso coração capaz de captar a moção pela qual ele lhe faz saborear (sabedoria vem de *sapere* = saborear) o objeto de seu amor, ou por outra, a moção pela qual ele lhe dá conhecer Deus experimentalmente, e não apenas intelectualmente, de possuí-lo e de gozar dele. É este dom que realiza o que se chama a união mística da alma com Deus. "A alma que está sob a impressão desta inspiração... experimenta Deus de certa maneira. Ela está bem acima daquilo que a fé, mesmo ajudada pelo dom de inteligência, lhe revela em termos precisos. Neste sentimento, ela se prosterna numa atitude de adoração diante do excesso divino. Embora crendo, ela renuncia a se servir das expressões da fé, a se deter nos conceitos, e se perde num sentimento imenso da transcendência divina" (Gardeil, *Le Saint Esprit dans la vie chrétienne*, p.156-7).

Esses dons de santificação, que recebemos do Espírito Santo, são qualidades permanentes: permanecem em nós como uma espécie de instinto, mas podem ficar adormecidos, preguiçosos. Compete a nós valorizá-los, exercitando-os. Para isto, precisamos, retomando as comparações já feitas, ter a antena bem estendida, ter a vela esticada, isto é, estar, primeiro, em estado de graça e orar; depois, estar atentos e dóceis à voz do Espírito, consentir em nos deixar conduzir, ser movidos por ele, desistir de *nossa* santificação, de querer santificar-nos por nós mesmos, e nos entregar à operação do Espírito.

Precisamos ter bastante humildade para abandonar nosso barco ao seu sopro, não neste sentido que nos abandonemos numa passividade absoluta, mas no de que sejamos levados por ele à ação e sustentados em nossa operação. Como Jesus: depois de batizado, o Espírito o levou ao deserto, para ser tentado; em seguida, levou-o à sua cidade; falando às multidões, o Espírito estava nele para curar. É preciso expor sem cessar nossos corações às inspirações do Espírito de amor, que sopra onde quer e quando quer.

Assim, pelo trabalho conjugado de nossa liberdade e do Espírito Santo que age em nós nos sacramentos e em nossa obediência aos mandamentos do Senhor, somos transformados progressivamente à imagem desse mesmo Jesus, por este mesmo Espírito, segundo as palavras de São Paulo: *"Nós todos, que, com o rosto descoberto (isto é, convertidos ao Senhor= voltados para o Senhor* — **2Cor 3,16**), *refletimos, como num espelho a glória do Senhor (isto é, do Cristo, pois 'a glória de Deus'*, diz São Paulo mais adiante, *'está na face do Cristo'* — **2Cor 4,6**) *somos transfigurados nesta mesma imagem, de glória em glória, segundo a ação do Senhor Espírito"* (**2Cor 3,18**).

A graça atual

A graça santificante é como que o princípio vital desse nosso organismo sobrenatural, mas não se movimentam as faculdades deste, sem um impulso de Deus, que é a graça atual.

De fato, assim como temos várias faculdades naturais, mas nenhuma entra em funcionamento sem o impulso da nossa vontade, assim também, no nosso organismo sobrenatural, há necessidade de que venha, não mais da nossa vontade e sim de Deus, um impulso que ponha em ação suas faculdades.

Nosso organismo sobrenatural nos é dado justamente para podermos ser guiados pelo Espírito Santo, e ele nos guia por suas moções, seus impulsos, que são as graças atuais. *"Os que são guiados pelo Espírito Santo, estes são filhos de Deus!"* (**Rm 8,14**).

Portanto, com o seu cortejo de virtudes e dons, nosso novo organismo entra em movimento pelo impulso da graça atual. Por que *graça atual?* Isto pode ser entendido de duas maneiras:

— por ser a graça presente naquele momento, a graça no ato;

— por ser a graça que atua, a graça atuante, que leva a pessoa ao ato. É como o impulso de nossa vontade no plano natural.

No plano da natureza, precisamos da ajuda de Deus para passar da possibilidade de agir, ao ato. Sem essa sustentação de Deus, em nós, na nossa vontade natural, não faríamos nada. Necessitamos desse auxílio de Deus, dessa sustentação de Deus, para agir. Mesmo aqueles que acham que agem por vontade própria, só agem porque Deus está ali, a lhes dar a capacidade de passar da simples possibilidade de agir ao ato propriamente dito.

Na ordem sobrenatural, também não podemos pôr em ação as virtudes e os dons sem a graça atual.

A graça atual é um auxílio sobrenatural, um auxílio divino transitório, que passa. A graça santificante fica; ela permanece, pois é o princípio vital. Ela desaparecendo, acaba a vida eterna em nós. Assim, ela é a condição de termos a vida eterna, da mesma maneira que, desaparecendo o nosso princípio vital orgânico, nosso corpo morre.

A graça atual é um auxílio transitório; vem e passa. Quando você pega um objeto e o bota noutro lugar, cessa o impulso que você deu aos seus músculos para pegá-lo aqui, e botá-lo ali. Você deu a instrução, o impulso vem, passa, e acaba. Quer dizer, é transitório. A graça atual é, também, impulso transitório, só que não é natural, é sobrenatural. É Deus que o dá, para iluminar a inteligência e fortalecer a vontade para a produção de atos sobrenaturais, atos de vida eterna.

Muitas vezes eu falo disso de produzirmos atos, que tenham valor de vida eterna. Esses atos que têm valor de vida eterna, são justamente os atos sobrenaturais que podemos fazer sob o influxo da graça atual, exercendo as virtudes e dons que são as nossas faculdades sobrenaturais.

A nossa inteligência e a nossa vontade são naturais; não podem ultrapassar o limite natural das coisas. São as virtudes infusas e os dons do Espírito Santo que potencializam, por assim dizer, a nossa inteligência e a nossa vontade, elevando-as ao nível sobrenatural, e a graça atual as move para produzirem atos desse nível.

Antes da justificação, ou da infusão da graça santificante, a graça atual nos é dada para nos iluminar, para percebermos a malícia do pecado, os seus efeitos terríveis e levar-nos a detestá-lo. É a graça da conversão, por exemplo, que toca a pessoa e a chama a voltar-se para Deus, a buscá-lo.

Depois, então, da justificação, a graça atual vai agir de outra maneira: ela vai nos mostrar, à luz da fé, a beleza de Deus, a misericórdia de Deus, sua bondade; vai nos mostrar Deus como ele é. E com isso, ilumina a nossa inteligência, e toca a nossa vontade, para amar a Deus de todo o coração. Já é outro nível de ação, superior ao nível de sua ação antes da justificação.

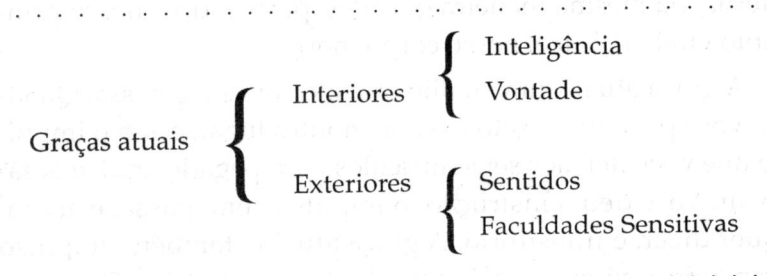

As graças atuais podem ser *interiores*, que agem diretamente sobre nossas faculdades espirituais, a inteligência e a vontade, e *exteriores*.

As graças *exteriores* não agem diretamente sobre a inteligência e a vontade, como as *interiores*, mas sobre os sentidos e faculdades sensitivas; e, dessa área, atingem, indiretamente, as nossas faculdades espirituais.

É a maneira normal, natural, de aprendermos as coisas. Apreendemos os objetos exteriores primeiro pelos sentidos, e esta percepção é, em seguida, elaborada pela nossa inteligência. Não há nada na nossa inteligência que não tenha passado pelos sentidos.

Por exemplo: uma graça exterior pode ser a leitura do Livro Sagrado, ou de uma obra cristã, ou estar ouvindo uma música religiosa, uma conversa boa, edificante. Santo Agostinho conta que, quando de sua conversão, estava no pátio de uma casa, onde estava um livro aberto, e lhe veio a voz de uma criança: "Toma e lê; toma e lê!"; ele foi ver o que era, e era a Sagrada Escritura. Foi lendo, e essa graça exterior veio tocar as suas faculdades espirituais para ele se abrir e aceitar a Palavra de Deus.

Essas graças exteriores, por si mesmas, não fortalecem a vontade, mas produzem, em nós, impressões favoráveis, que movem a inteligência e a vontade e as inclinam para o bem sobrenatural.

Graças exteriores são, também, os testemunhos. Lemos, muitas vezes, um livro de testemunho, ou ouvimos, no grupo de oração, um testemunho de como Deus transformou alguém ou uma situação; ficamos emocionados, e brota em nosso coração uma disposição de procurar aquele bem, de fazer aquilo também, de estar também com Deus e receber aquela graça.

Já é uma disposição interior favorável para o bem sobrenatural, mas Deus, para mais nos ajudar, lhe acrescenta *moções interiores*.

Moção quer dizer movimento. Moções interiores são "toques" de Deus que vão iluminar a inteligência e fortalecer a vontade, ajudando-nos poderosamente a converter-nos e a nos tornar melhores.

Em **Atos 16,14**, fala-se de uma mulher tingia tecidos de púrpura. Tingidos os tecidos, ia lavá-los para fazer sair o excesso. Lá estava a enxaguá-los, quando chega Paulo e começa a pregar sobre Jesus e sobre o Reino; foi a graça exterior que lhe abriu o coração para a conversão. Depois esteve com Paulo, o hospedou, e se tornou uma das primeiras discípulas daquele lugar.

Deus sabe como somos: ele nos criou. Sabe como funcionamos, passando do sensível para o espiritual. E é desta maneira, também, que a graça exterior age: ela nos põe em disposição favorável de recebermos na inteligência e vontade a moção daquela graça interior, que vai levar-nos a um maior conhecimento de Deus, à prática da virtude, dos dons, etc.

"*Deus faz todas as coisas concorrer para o bem daqueles que o amam*" **(Rm 8,28).** Essas graças vão modificando nossa maneira de perceber as coisas, vão lhes dando outro colorido, outro significado, e vão-nos levando e elevando do nível físico, sensível, ao nível espiritual e à vida eterna.

A graça atual age sobre nós de um duplo modo:

Primeiro, por persuasão e atrativos. É como a mãe que, para ajudar o filho a andar, fica de lá, e chama, e dá beijinhos e abraços, acarinha o filho, estimula-o a andar até onde ela o espera; o filho vai, caindo e levantando, mas chega lá, é recebido com abraços, com alegria. Pavlov descobriu isto como lei psicológica; é parte da contextura nossa, natural, e Deus, que assim nos fez, usa, também, esse método de recompensa em seu trato conosco.

Segundo, pelo fortalecimento de nossas faculdades. As nossas faculdades são muito fracas; por mais inteligentes que sejamos, não conseguimos penetrar nada do Reino de Deus. Por si mesma, nossa inteligência não dá um passo dentro do Reino. Está fora do seu alcance natural.

É como Jesus diz: "*Quem de vós, por mais que excogite, pode acrescentar um côvado à sua estatura?*" **(Mt 6,27).** Nossas faculdades têm um limite que não ultrapassam; são fracas, considerando o Reino de Deus, considerando a vida eterna, porque são adequadas apenas à natureza criada; o que está além da criação, fica além da sua capacidade natural.

A graça atual vem fortalecê-las, dando-lhes novas forças. É como a mãe que toma o filho nos braços e o leva escada acima; ou toma a sua mão para que não caia, e vai caminhando com ele. São modos de operar. A graça opera junto com as nossas faculdades, dando-lhes novas forças. Ela vem antes do nosso consentimento — justamente para nos *ajudar a consentir* com a iniciativa de Deus —, e nos acompanha na realização do ato.

Vem-me, por exemplo, um pensamento de fazer um ato de amor a Deus, adorar nosso Senhor. Assim, vou lá, diante do Santíssimo, prostrar-me diante do Senhor. Ora, eu não estava fazendo nada para isto, não estava pensando nisto; eu estava apenas comendo bolacha, e me vem, do interior, essa idéia de ir lá, me prostrar diante do Santíssimo. Não fiz nada para isto, não estava pensando nisto, mas fui impulsionado pela graça. Esta graça se chama preveniente (pré = antes; veniente = que vem), porque vem antes.

Ela vem antes do ato. É um bom pensamento que Deus me dá. Se o recebo bem e me esforço por atendê-lo, indo lá, subindo a escada e me prostrando diante do Santíssimo, já não faço sozinho estes atos, mas com a graça que me acompanha, que me ajuda. Por isto, a graça agora se chama "adjuvante", quer dizer, que ajuda. Ou então, "concomitante", isto é, que acompanha, que vai junto.

Então: estou comendo bolachas, "pensando na morte da bezerra". De repente, me vem um sentimento de amor a Deus e o pensamento de subir e me prostrar diante do Santíssimo. Posso fazer, de duas uma:

Dizer: "Ah, que besteira, onde já se viu? Vou primeiro acabar de comer a minha bolacha, aqui; preciso acabar de pensar na morte da bezerra! Que idéia de ir lá adorar o Santíssimo agora! Eu posso ir depois, não preciso ir agora... Quem sabe, de noite? Não tenho nada que fazer esta noite..."

E aí eu perco a graça, por não ter agido sob o influxo, daquele momento, da graça *atual*. Ela passa, inaproveitada. Ou dizer: "Ah! Que coisa boa! Estou aqui, comendo bolacha, mas podia estar bem lá, adorando o Santíssimo! Realmente, vou deixar para comer a bolacha depois..." Deixo para comer a bolacha depois, e vou adorar o Santíssimo, obedecendo àquele impulso interior.

Isto eu faço com a graça *concomitante*, com a graça *adjuvante*. Ela vem e me dá a idéia de eu ir fazer. Se eu a acolho, é ela, então, que vai me ajudar a fazer aquele ato. Isso é bom saber. Porque a gente pensa que faz por conta própria todas essas coisas, e não percebe a ajuda de Deus.

Então, se nos vem uma idéia de fazer uma coisa assim, agora já sabemos que pode ser uma graça atual, que Deus nos está dando, sugerindo-nos o que fazer naquele momento. Se procuramos caminhar, navegar ao sopro dessa graça, ela, então, nos ajuda a fazer aquele ato. Muitas vezes nos vem um pensamento bom, e o jogamos fora, porque preferimos satisfazer nossa vontade própria.

Falamos, anteriormente, de graça *operante* e graça *cooperante*.

A graça operante, é aquela pela qual Deus age em nós, **sem nós**.

A graça cooperante, é aquela pela qual ele age em nós, mas conosco, com a nossa livre cooperação.

Vocês vêem que, nessa área de vida sobrenatural, a iniciativa é de Deus. Nós, simplesmente, nos dispomos a seguir os movimentos interiores que o Espírito Santo nos traz. É isto o que nos faz filhos de Deus: *ser guiados pelo Espírito Santo* **(cf Rm 8,14)**. O que não quer dizer que podemos sair por aí, à louca. A Sagrada Escritura nos diz para provarmos as inspirações, para ver se são de Deus. Temos virtudes para isto, e a *prudência* é a virtude principal aí, junto com o discernimento de espíritos. É mediante a prudência e o discernimento de espíritos, que podemos conhecer a origem, a causa, a prioridade, a oportunidade, de qualquer movimento interior nosso.

Quanto à necessidade da graça atual, o princípio geral é que ela é necessária para todo ato sobrenatural. Não há nenhum ato sobrenatural que possamos fazer sem a graça atual, sem esse impulso de Deus. Por que? Porque o efeito é proporcional à sua causa. Uma laranjeira não pode dar fruta-de-lobo. Se você vai agir com suas faculdades naturais, o fruto é natural. Para você ter um fruto sobrenatural, é preciso que o princípio seja sobrenatural.

Só a graça atual lhe possibilita fazer um ato sobrenatural; portanto, ela é necessária para a vida sobrenatural. Senão, nunca daremos frutos de vida eterna. Por nós mesmos, somos incapazes.

Quando se trata da conversão — logo no início da nossa vida sobrenatural —, da passagem do pecado mortal ao estado de graça, temos necessidade da graça sobrenatural para fazer os atos preparatórios de fé, de crer em Deus, de crer que ele santifica, de crer que ele não quer o pecado, etc.; atos de esperança, de esperar que Deus nos lave de todo pecado, que nos santifique; atos **de penitência**, de arrependimento, de decisão de não fazer mais; atos **de amor**, de entrega a Deus, de amar a Deus, de preferir Deus; todos estes são atos preparatórios da conversão, e são sobrenaturais; portanto, para eles, é necessária a graça sobrenatural.

Ouvimos muitos dizerem: "Ah! eu gostaria de crer! Eu quero crer, quero ter fé, mas não tenho". Esse "quero ter", já é graça de Deus. Já é um início de fé, um início de resposta à graça de Deus.

Durante a nossa vida, e até a hora da morte, é pela graça atual que perseveramos no bem. Para isto, é preciso resistir às tentações, perseverar no bem.

As tentações estão, continuamente, à nossa volta. Algumas pessoas dizem: "Mas como é que me veio essa tentação?" Ou então, referindo-se a uma pessoa boa, perguntam:

"Mas como? Uma pessoa, assim, tão boa, tão santa, sofre tentação?" E se esquecem de que até Jesus, o Santo dos santos, foi levado ao deserto para ser tentado! Se houve permissão do Pai para o Inimigo tentar até Jesus, e Jesus disse que o discípulo não é maior que seu mestre, estaremos sujeitos às tentações, por santos que sejamos. Essas tentações são coisas do Inimigo; este é muito mais forte do que nós, de forma que, para vencer essas tentações, precisamos da graça, do auxílio de Deus.

Nosso Senhor nos diz: *"Vigiai e orai para não entrardes em tentação"* **(Mt 26,41)**. Temos que nos apoiar, portanto, não só nos nossos esforços, e vigiar, mas também orar, para obter a graça de não cair em tentação.

Além de resistir às tentações, temos que cumprir os nossos deveres. Não podemos cumpri-los sem a graça. Nossas faculdades são limitadas. Nossas forças, nossas energias são limitadas. Esgotam-se logo! Muita gente quer cumprir uma série de deveres sem a graça, com o resultado de sofrerem desgaste muito grande, e cumprirem esses deveres com imperfeição. Não pode haver perfeição, sem o auxílio da graça.

São Pedro nos diz, em sua **Primeira Epístola:** *"O Deus de toda graça, que nos chamou em Jesus Cristo à sua eterna glória, depois de haverdes padecido um pouco, ele mesmo vos aperfeiçoará, fortificará e consolidará"* **(5,10)**. E São Paulo, falando aos filipenses, declara: *"Aquele que começou em nós a obra da perfeição, é o único que a pode levar a bom termo"* **(1,6)**. Interessante, não? É Deus que começou em nós, pela graça da conversão, a obra de nossa santificação, e é ele que a pode levar a bom termo.

Fá-lo pela graça da perseverança no bem, até à perseverança final, que é o dom imenso, muito especial, de se morrer em estado de graça a despeito de todas as tentações, as últimas e as mais ferozes que o Inimigo possa lançar sobre nós no último momento. É por essa graça da perseverança que podemos vencer todas essas lutas e morrer, adormecendo no Senhor, simplesmente, sem agonia.

É, realmente, uma graça inestimável, uma graça que a gente não pode nunca pedir demais! É obtida pela oração e pela nossa cooperação. Não merecemos nada disto. Tudo é graça, bondade e misericórdia de nosso Deus.

Senhor, nós vos agradecemos e bendizemos, porque nos desvendais os vossos segredos. Nada retendes para vós, confiando tudo a nós, porque nos tendes por vossos amigos. E queremos, de fato, ser vossos amigos, porque sois o nosso maior amigo. Queremos viver sempre convosco, na vossa graça, sob a inspiração do vosso Espírito Santo.

Realizai, pois, em nós, Senhor, o vosso plano de amor, e dai-nos estar cada vez mais firmes em vós e em Jesus, na luz do vosso Espírito Santo.

Muito obrigado, Senhor!
Glória a vós, Senhor!
Amém!

Capítulo 17

Jesus e nós

Senhor, nós vos louvamos e bendizemos, porque sois nosso Deus, e nos chamastes a ser vossos, vossos filhos bem-aventurados, e vos agradecemos esse amor infinito que nos tendes.

Queremos corresponder inteiramente a ele, e vos damos graças, porque nos capacitastes a responder a vosso amor, porque derramastes em nossos corações o vosso próprio amor, pelo Espírito Santo que nos foi dado.

Assim, temos em nós tudo o que necessitamos para ser vossos filhos e amar-vos como nosso Pai, que sois. Por isto, vos louvamos e bendizemos e glorificamos, e pedimos que se realize em nós, plenamente, o vosso plano de amor!

Muito obrigado, Senhor!
Amém!

Vimos como a graça atual nos é necessária para praticar atos sobrenaturais. É um impulso divino, que nos capacita a praticá-los. É como a eletricidade: você tem a instalação, o aparelho, mas não funciona nada enquanto você não liga a corrente. Assim, temos o nosso organismo sobrenatural, pronto para agir e praticar atos sobrenaturais, mas, sem a corrente, não funciona. A graça atual é essa corrente, esse poder que o Senhor nos dá, capacitando-nos a praticar tais atos.

Na nossa vida, realmente, tudo é graça. O nosso nascimento natural é graça de Deus; muito mais ainda, o nosso nascimento para Deus, o nosso nascer de novo, a nossa incorporação em Cristo, participando da natureza divina, o sermos abraçados por Deus como seus filhos! É inconcebível! Deveríamos ter o coração cheio de gratidão para com nosso Deus, pelo resto desta vida e toda a eternidade!

Devemos, pois, ter a maior estima pela vida da graça. É uma vida nova, algo que o homem natural não conhece.

Essa vida nova é a própria vida de Deus em nós. Nada sabemos a respeito dela. O Espírito Santo, que é Deus, é quem nos enche dessa vida que Jesus ganhou para nós na cruz: *"Eu vim para que tenham vida, e a tenham em abundância"* **(Jo 10,10)**. Como é totalmente nova para nós, o Espírito Santo nos ensina a dar nela os primeiros passos; ele nos ensina tudo, porque para isso nos foi dado. Jesus nos disse que ele nos levaria a toda a verdade, à verdade completa, e nos ensinaria todas as coisas que ele tinha dito, e que nos revelaria tudo o que iria acontecer (Jo 14,17.26; 15,26; 16,13-14).

É, pois, uma vida totalmente nova que vivemos, num relacionamento íntimo, pessoal, de amizade, de amor com nosso Deus. Ela nos une e assemelha a Deus, agraciando-nos com o organismo necessário a essa nova condição de filhos de Deus. Nós nos transformamos, ficamos deiformes, vivendo uma vida muito mais perfeita do que a vida natural, participando da vida do Criador, acima das outras criaturas. Tanto assim, que Satanás nos odeia por causa disso, porque vamos ocupar o lugar que ele queria para si, junto de Deus, acima de todos os anjos. Uma vida maravilhosa!

Fomos criados por Deus neste mundo, com faculdades naturais, como a inteligência e a vontade. Por ter em si a vida racional, Adão foi chamado a dar nome a todas as criaturas, porque a vida racional é muito superior à vida animal e à vida vegetativa. Somos superiores aos animais, às plantas, porque pensamos, porque temos uma inteligência, uma vontade.

Por sua vez, a vida que vivemos na graça, a vida cristã — (A vida cristã toma seu nome de Cristo Jesus; é a vida que com ele participamos. Muitos parecem pensar que viver uma vida cristã é praticar certos atos de religiosidade, certos atos morais: "Ah! É muito cristão!" Mas não: a vida cristã é viver com Jesus a mesma vida que Jesus nos dá) —, a vida cristã, por ser participação da vida divina, é infinitamente superior à nossa vida racional.

E, hoje em dia, tantos procuram reduzir o sobrenatural ao racional: "Ah! Tudo tem explicação, a parapsicologia explica. Tudo se explica! Você pode explicar qualquer coisa com qualquer coisa!" Só que a explicação não quer dizer que você penetrou a verdade. Você procurou encontrar uma explicação lógica que satisfizesse a você, mas teria encontrado a verdade? As pessoas se iludem, com as deduções lógicas das coisas.

Quando a pessoa só vive racionalmente, faz uma porção de deduções lógicas, e acha que isto é o suficiente. Os que são racionalistas e vivem ao sabor da razão acham que a razão resolve tudo. No seu orgulho intelectual, pretendem explicar até Deus, reduzindo-o ao seu tamanho e se arvorando em juízes de Deus.

É uma grande cegueira e uma prisão, prendendo a pessoa nos estreitos limites de sua razão, nos limites do criado, impedindo-a que viva ao sabor do vento do Espírito Santo. É preciso uma ação de Deus para libertá-la do racionalismo, a fim de que possa entender as coisas de Deus. O racionalismo é uma tendência do homem decaído, em virtude de influências estranhas a ele. Ao perder a vida da graça, o homem se volta para as criaturas, e aquele que domina todas as coisas desse mundo se aproveita dessa fraqueza do homem, e lhe sugere a excelência da sua razão.

Deus criou o homem como criatura racional. A vida racional, a vida intelectual, é, pois, dom de Deus, decorrência da criação do homem. Ela é perfeita para dirigir o homem no mundo criado.

A vida da graça, porém, não decorre da criação do homem, não é exigência de sua natureza, como a vida racional. É pura gratuidade de Deus, porque participação da natureza divina, comunicada ao homem pelo Espírito Santo de Deus. Por isto, é infinitamente superior à condição humana, e ultrapassa todas as atividades, todos os merecimentos das mais perfeitas das criaturas, até mesmo de Maria Santíssima. Tudo o que nela ocorreu, foi pura gratuidade de Deus. Ninguém pode reclamar o direito de ser constituído filho adotivo de Deus. Nem há quem possa reclamar o direito de ser templo do Espírito Santo. Ninguém pode reclamar o direito de ver a Deus face a face, de vê-lo como ele se vê a si mesmo! Quem pode ter esse direito?

No entanto, o Senhor nos introduz à sua intimidade, criando em nós um organismo pelo qual podemos entrar em contato direto com ele, mediante o qual poderemos vê-lo face a face, bem como viver, desde já, a vida dos bem-aventurados no céu!

Por isto, tenhamos em altíssima estima a vida da graça, o tesouro escondido que o homem acha, e vai, e vende tudo o que tem para ficar com ele.

Em segundo lugar, uma vez que entramos na posse desse tesouro que Deus nos deu, então é sacrificar tudo para não perdê-lo!

As pessoas vilipendiam (vile = vilmente; pendere = pesar, avaliar) a vida da graça, avaliam-na vilmente, dão-lhe pouco apreço. Acham muito melhor a vida do pecado, e preferem estar em inimizade com Deus, a estar em amizade com ele. Perder a vida da graça para essas pessoas pouco significa: "Desde que eu não perca a saúde, ou desde que eu possa fazer isso ou fazer aquilo; estando com saúde, tudo bem!" De fato, perdem-na tranqüilamente, e nem se incomodam de recuperá-la.

Ela, porém, é extremamente valiosa, como vimos, e uma palavra de São Leão Magno no-lo recorda: "Reconhece, ó cristão, a tua dignidade! E uma vez que foste feito consorte da natureza divina, não queiras voltar à antiga vileza, por um degenerado modo de viver". Desprezar a graça e voltar à vida de pecado é, como diz a Escritura, *"voltar o cão ao seu vômito"* **(Pr 26,11)** e *"a porca lavada tornar a revolver-se na lama"* **(2Pd 2,22)**.

É um tesouro muito grande; Jesus ganhou-o para nós, pagando grande preço, e no-lo ofereceu de graça. Agora, uma vez na posse dele, façamos tudo para não perdê-lo!

Ninguém mais do que o cristão deve respeitar-se a si mesmo, não por causa dos próprios merecimentos, mas por causa dessa vida divina, a vida de Deus nele, feito templo do Espírito Santo, templo sagrado, esplendoroso, de uma beleza que não conseguimos ver, mas que os anjos vêem e admiram.

O **Salmo 62,5** diz assim: *"À tua casa, Deus, convém a santidade, na longitude dos dias, na duração eterna dos dias"*. E a casa de Deus somos nós: *"E sua casa somos nós; contanto que permaneçamos firmes até o fim, professando intrepidamente a nossa fé, e ufanos da esperança que nos pertence* **(Hb 3,6)**. Cabe-nos, pois, reconhecer a nossa dignidade, e agir e viver conforme essa santidade que recebemos de graça.

Em terceiro lugar, é nosso dever utilizar, cultivar esse organismo sobrenatural com que Deus nos dotou. Se aprouve à bondade divina elevar-nos a um estado superior à nossa própria natureza, superior a todo o criado, inclusive, a anjos e arcanjos e querubins e serafins, se lhe aprouve fazer isto, e, com isto, dar-nos dons e virtudes que aperfeiçoam as nossas faculdades naturais; se ele está conosco a cada dia de nossas vidas até o fim do mundo, para nos fortalecer, colaborar conosco, ajudar-nos, para, justamente, fazer render esses tesouros que ele nos deu, seria muita ingratidão de nossa parte rejeitar esses dons, rejeitar essas virtudes, para reduzir-nos a viver mediocremente, fazendo atos apenas bons, apenas naturalmente bons, e fazendo esses dons, essas virtudes produzir apenas frutos imperfeitos!

A gente ouve falar: "fulano não é cristão, mas é mais cristão do que muito cristão que conheço". O que quer dizer isso? É um elogio para o fulano? Ou é desmerecimento para os cristãos? É desmerecimento para os cristãos! Porque o fulano, sem ter toda aquela graça, todo o cortejo de dons e virtudes cristãs, faz atos naturalmente bons, quanto mais o cristão deveria fazer isto e muito mais, porque dispõe de mais capacidade, mais possibilidade, mais poder, mais força, mais virtudes, mais dons.

Cada um de nós deveria ser um dínamo a produzir atos sobrenaturais, atos de vida eterna, presença de Deus no mundo. Para isto, recebemos a vida eterna; para isto, recebemos o Espírito Santo de Deus, para ser luzes do mundo, para que, através de nós, Jesus possa continuar a sua obra; para que, através de nós, o Pai, tendo-nos dado o Espírito Santo, possa fazer as maravilhas que operava em Jesus, e maiores ainda, como Jesus prometeu. Não é possível a gente ter tudo isto e não fazer nada! É como se tivéssemos um computador poderosíssimo, e o usássemos só para fazer continhas de somar!

É o que estamos fazendo com a nossa vida sobrenatural. Estamos fazendo continhas de somar! Para isso, não precisamos da vida sobrenatural: qualquer pagão faz conta de somar; na verdade, estamos desprezando, ignorando, vilipendiando o dom de Deus, ao vivermos uma vida apenas natural. Naturalmente bons. Como qualquer um: de manhã, rezamos, apressados, o Pai-nosso; corremos para o trabalho, tomamos um cafezinho, depois uma água geladinha ("Que calor, não?" "Pois é, está tão quente hoje!" "Que calor! Eu queria ir ao cinema, mas não tenho nem coragem de sair à rua!" "Ah! Pois é!"), conversamos sobre tudo, pensamos em tudo menos em Jesus. E, de noite, já na cama, de novo um Pai-nosso, quem sabe uma Ave-maria interrompida pelo sono...

O que você fez de valor de vida eterna neste dia que passou? Que dons utilizou? Que virtudes praticou? Ainda guarda ressentimentos, ainda não perdoa as pessoas, ainda maltrata! "Reconhece, ó cristão, a tua dignidade. Não queiras, pelos atos indignos, voltar à tua antiga vileza". Você não está mais na antiga vileza, mas está agindo como se ainda estivesse lá! Isto é muito pior! Se você estivesse na antiga vileza, sem tudo isso que Deus lhe deu, agindo nos conformes da antiga vileza, vá lá! Não conhecia coisa melhor, não tinha possibilidades, vá lá! Mas não é mais assim; você tem a vida de Deus dentro de você, nasceu de novo, é templo do Espírito Santo, participa da natureza divina, recebeu dons e virtudes. Tudo lhe foi dado gratuitamente, e ainda vive na antiga vileza como qualquer outro? "Reconhece a tua dignidade"!

De forma que é dever de gratidão. Por isso, a gente pode sempre, deve sempre pedir para crescer na gratidão, saber o que é a gratidão! Saber agradecer. Ter um coração reconhecido, agradecido. Tudo é graça. Muito cuidado, portanto, se você reivindica alguma coisa para si, se acha que tem direito a alguma coisa, à atenção dos outros, a receber isso ou aquilo... Se você acha que tem direito, talvez não receba as coisas como graças de Deus, e, portanto, dificilmente terá um coração agradecido. O coração agradecido é aquele que recebe humildemente, sabendo que não tem direito nenhum. Tudo é graça, para ele. Tudo é graça!

Assim, quanto mais generoso se mostrou o doador, nosso Deus, tanto mais ativa, tanto mais fecunda deve ser a colaboração, o reconhecimento de nossa parte. Especialmente por já nos ter dado tudo o que é necessário para isso.

Jesus — na nossa vida cristã

Nossa participação da vida divina — nosso organismo sobrenatural, as virtudes, os dons — tudo isso, é a Santíssima Trindade que nos dá, para o nosso relacionamento direto com Deus. Mas por que ela nos dá tudo isto? E gratuitamente, sem nenhum merecimento de nossa parte? Tudo nos é dado por causa dos merecimentos, das satisfações de Jesus Cristo; Jesus, Verbo Eterno de Deus, que assumiu a nossa natureza no seio de Maria, satisfez plenamente a justiça divina, e nos mereceu a reconciliação com Deus, restaurando-nos em nível superior às condições de Adão no Paraíso. Jesus, portanto, desempenha papel tão essencial em nossa vida sobrenatural, que essa vida se chama vida cristã. Cristã, por causa dessa união com Jesus Cristo!

São Paulo diz que Jesus é a cabeça da humanidade regenerada, como Adão o tinha sido da raça humana, no seu berço, no Paraíso, mas de modo muito mais perfeito. Pelos seus **méritos**, Jesus reconquistou nossos direitos à graça e à glória. Pelos seus **exemplos**, ele nos mostra como devemos viver para nos santificar e merecer o céu. Pela sua **vida**, como cabeça de um corpo místico de que nós somos membros, ele é **causa** de nossa santificação.

Vejamos cada um desses pontos. A teologia clássica faz remontar os efeitos à sua causa.

Pelos seus merecimentos, Jesus é causa meritória de nossa santificação.

Ele causa a nossa santificação pelos seus exemplos; é, portanto, sua causa exemplar.

Ele causa a nossa santificação pela sua vida; assim, é sua causa vital.

Como *causa meritória* de nossa vida espiritual, Jesus satisfaz pelo pecado e merece, pelos seus atos, a nossa santificação.

A liturgia diz, lembrando a **Epístola aos Efésios 2,4**: *"por causa do imenso amor com que nos amou, por sua santíssima paixão, no lenho da cruz, ele mereceu, para nós, a justificação, e satisfez, totalmente, por nós"*.

Logicamente, a satisfação precede o merecimento. Se você ofendeu, você não pode merecer nada, se, primeiro, não satisfizer por aquela ofensa, obtendo o seu perdão. Só então, você passa a merecer. Mas se você não se reconcilia, não tem merecimento. Primeiro precisa reparar a ofensa feita a Deus para obter o perdão dos pecados, e, depois, merecer a graça. Isso é o lógico.

Só que, em Jesus, por ele ser totalmente Deus e totalmente homem, não há um antes e um depois: os atos de Jesus eram, ao mesmo tempo, satisfatórios, porque satisfaziam pela ofensa feita a Deus; e, meritórios, porque, ao mesmo tempo, mereciam a graça. Quer dizer, cada ato de Jesus tinha um valor moral infinito! Por que? Por ser ato de um homem puro e justo, e, ao mesmo tempo, de Deus. Disto, podemos inferir algumas coisas.

Em primeiro lugar, não há pecado irremissível! Não falo da blasfêmia contra o Espírito Santo, que é uma ofensa que alguém faz diretamente a Deus, sem arrependimento, ao atribuir ao Inimigo as obras de Deus. Era o que os judeus estavam fazendo naquele momento: atribuiam o ato de Jesus, de expulsar um demônio, ao príncipe dos demônios, e não ao Espírito Santo (Mt 12,24-32). Fechando os olhos e o coração às obras notáveis do Espírito Santo, negando-as, deliberada e persistentemente, a pessoa rejeita a oferta de salvação que Deus lhe faz e se exclui da salvação.

Fora isto, com a satisfação de Jesus, não há pecado irremissível, desde que, contritos e humilhados, peçamos confiadamente perdão. E é o que fazemos no sacramento da reconciliação, onde o poder do Sangue de Jesus nos é aplicado por intermédio do ministro de Deus. É o que fazemos, ainda, no santo sacrifício da Missa, onde Jesus continua a oferecer-se pelas mãos do sacerdote, como vítima de propiciação, suscitando em nossas almas sentimentos profundos de contrição, de arrependimento, o que torna Deus propício para nós, e nos obtém perdão cada vez mais completo dos nossos pecados, e remissão mais abundante da pena que deveríamos sofrer por esses pecados.

Ainda mais: por esses merecimentos e por essa satisfação de Jesus, todos os nossos atos cristãos, quer dizer, os atos que realizamos com Jesus, como membros de seu corpo, todos os atos em que nos unimos aos sofrimentos de Jesus têm valor satisfatório para nós; quer dizer, satisfazem pelos nossos pecados e pelas almas por quem os oferecemos.

Desta maneira, pelos merecimentos e satisfação de Jesus, nós, unidos a Jesus, participando dos sofrimentos de Jesus como seus membros, podemos merecer, satisfazer para nós, pelos nossos atos, ou podemos oferecer esses atos como satisfação por outras pessoas, porque fazemos parte do corpo de Cristo e somos um com ele.

Em segundo lugar, Jesus mereceu também, para nós, todas as graças de que necessitamos para atingir o nosso fim sobrenatural e para cultivarmos, em nós, a vida cristã.

Em **Efésios 1,3,** São Paulo diz que *"o Pai abençoou-nos em Cristo Jesus, com toda sorte de bênçãos espirituais";* toda sorte, quer dizer, não ficou nenhuma de fora! Temos todas as bênçãos de Deus: graças de conversão, graças de perseverança, graças para resistir às tentações, graças para aproveitarmos bem das provações por que passamos, graças de consolação no meio dos trabalhos e das dificuldades, graças de renovação espiritual, graças de uma conversão mais profunda, mais contínua, graças de perseverança final; tudo isso e mais ainda, Jesus mereceu para nós!

E Jesus diz: *"Tudo quanto pedirdes ao Pai em meu nome, ele vos dará"* **(Jo 15,16).** Quer dizer, pedir ao Pai, nos apoiando nos merecimentos de Jesus, no nome de Jesus! E, para inspirar-nos maior confiança, Jesus instituiu os sacramentos, que são sinais visíveis que nos conferem a graça que significam. Em todas as circunstâncias da nossa vida, temos um sacramento que podemos usar; e eles nos dão direito, não por nosso mérito, mas por merecimento de Jesus, a obter as graças atuais de que necessitamos no momento oportuno, no momento em que as necessitamos.

Em terceiro lugar, Jesus fez mais ainda. Podemos sempre dizer: *"Jesus fez mais ainda"!* Porque é uma coisa infinita; não esgotaremos, nunca, as riquezas que Jesus ganhou para nós. Ele nos deu, também, o poder de satisfazer e de merecer, que, de nós mesmos, não temos. Ele nos deu esse poder. Por que? Porque ele quis nos associar a si, fazendo-nos intercessores com ele. Ele é a causa meritória principal, mas fez de nós causas secundárias. O que é uma causa secundária? É uma causa que realmente causa (senão não seria causa), mas só em virtude da causa primeira. Se esta não mover-se, a outra não funciona.

É como um relógio. Você dá corda no relógio, e ela vai mover uma rodinha. Se essa rodinha não se mover, a seguinte não se move. A primeira é a roda principal, a outra é a secundária. Move-se com o mesmo movimento daquela, produz um efeito em virtude da principal. Assim também, somos causas secundárias; funcionamos e produzimos efeito em virtude da causa principal, meritória, que é Jesus. Fomos associados a ela, ligados a ela, de forma que, quando ela roda, rodamos também.

Ele quis fazer-nos agentes da nossa própria santificação. De nós mesmos, não podemos fazer nada, pois ele diz:*"Sem mim, nada podeis fazer"* **(Jo 15,5)**. Mas, ao mesmo tempo, ele nos dá poder para a ação. Se podemos fazer algo, é em virtude do poder que ele nos dá. E o que nos diz ele, em relação a isso? Diz assim: *"Se alguém quiser vir após mim, negue-se a si mesmo, tome a sua cruz e siga-me"* **(Mt 16,21)**. Isso jamais poderíamos fazer de nós mesmos: ele levou a sua cruz para que pudéssemos levar a nossa atrás dele. Mas levá-la, como ele levou a dele! E como foi que ele levou a dele? No poder do Espírito Santo; obedecendo ao Pai. Como é que ele quer que levemos a nossa? No poder do Espírito Santo, obedecendo ao Pai!

Então, a cruz, nossa, é da vontade do Pai para nós. É viver segundo a vontade do Pai, a cada momento, negando-nos, renunciando à nossa vontade própria, para fazer o que o Pai quer, mesmo que seja morrer crucificado, no poder do Espírito Santo! Então, não há nada que possamos fazer, ou devamos fazer, sozinhos! Jesus é a causa primeira. É ele que move. O Espírito Santo nos transmite essa capacidade de fazer.

E Jesus diz: "vai e faz isso". Por que é que ele diz: "vai e faz"? Porque é o que devemos fazer! Recebemos o poder para fazê-lo, não para ficarmos parados. Ele nos deu o Espírito Santo, nos deu todas essas coisas maravilhosas. Para que? *"Quem quiser me seguir, negue-se a si mesmo, tome a sua cruz e siga-me."* Por que ele diz: "negue-se a si mesmo"? Porque temos o poder de fazê-lo. Por que ele diz: "tome a sua cruz e siga-me"? Porque temos o poder de fazê-lo! O Espírito Santo nos foi dado! Por isso podemos fazer! Por isso Jesus diz: "faça isso"! Porque temos o poder de fazer; pois fomos associados ao seu poder de satisfazer e de merecer.

E os apóstolos, também, entenderam isso: **São Paulo diz em Romanos 8,17**: *"se queremos ter parte na sua glória, tenhamos também parte no seu sofrimento"*. São Pedro acrescenta, na **1Pd 2,21**: *"Se Cristo sofreu por nós, foi para que lhe seguíssemos as pisadas"*.

Senhor, muito obrigado, Jesus, por tudo o que fizestes por nós, abrindo-nos o caminho do céu, equipando-nos com a vida nova, o organismo novo; capazes de seguir-vos até junto do Pai, pelo poder do vosso Espírito Santo. Nós vos pedimos que realizeis vossa obra em nós, e sejamos cada vez mais fiéis e dóceis às moções de vosso Espírito, para que possamos ser agradáveis ao Pai, e o Pai possa olhar para nós e ver, em nós, a vossa Face!

Muito obrigado, Jesus!
Glória a Vós, Senhor!
Amém!

Capítulo 18

Imitadores de Cristo

Senhor Jesus, Vós sois nosso Deus, e nós nos colocamos diante de vós porque sois maravilhoso e bom.

Nós vos pedimos que nos toqueis os corações, para que possamos vos conhecer e amar; dai-nos, Senhor, um tal conhecimento de vossa graça, de vosso amor, de vosso coração, que desprezemos tudo o mais, e sejamos totalmente cativados por vós.

Que nada possa nos desviar de vós, nem o coração, nem o olhar, nem a vida, nem a atenção, e, assim, seremos totalmente vossos como vós quereis!

Muito obrigado, Senhor!

Jesus nos merece todas as coisas e nos associa a essa ação dele de merecer, diante de Deus, integrando-nos ao seu mistério, da morte e ressurreição, e fazendo de nós, também, cooperadores de sua intercessão, de seus merecimentos. Ele nos dá essa capacidade, de podermos, também, merecer para os outros.

Nos nossos encontros carismáticos ecumênicos, de anos atrás, os nossos irmãos separados reclamavam que falávamos muito de Nossa Senhora, de ela ser medianeira, intercessora, quando só havia um Mediador entre os homens e Deus, Jesus Cristo. De fato, ele é o único.

Mas depois disso tudo, eles vinham e pediam: *"Ah! reza p'ra mim por isto... reza p'ra aquilo... reza p'ra aquilo outro..."* E eu respondia: *"Uai! Mas não há só um mediador, entre os homens e Deus? Como é que quer que eu seja seu mediador?"* Quer dizer: eles próprios reconhecem que somos também mediadores, quando estamos em Jesus, mas a teoria não reconhece o fato concreto. Pedem oração aos irmãos, e fazem bem, porque a Escritura nos diz para rezarmos uns pelos outros **(Tg 5,16)**. E o que é que faz um pastor no seu culto? Fica no meio, entre os irmãos e o Senhor; sendo mediador em favor deles. Podemos fazê-lo, porque Jesus nos incorpora a esse ofício que lhe é próprio, como membros de seu corpo.

Entretanto, Jesus não se contentou com merecer por nós; quis ser, também, nossa causa exemplar. Vimos que ele é causa meritória. Vejamo-lo como causa exemplar.

Tínhamos necessidade, é evidente, de um modelo desse gênero: um Filho de Deus que vivesse a vida de filho de Deus, porquanto éramos totalmente ignorantes quanto ao plano de Deus, de fazer-nos seus filhos adotivos!

Vocês se lembram que São Paulo diz que este era um mistério que estava escondido desde o início, e que foi revelado na plenitude dos tempos, por Jesus **(Gl 4,4)**. Isto é, o plano de fazer de nós seus filhos adotivos, participantes da sua natureza, vivendo da sua vida divina. Assim, toda a história do povo eleito, até Jesus, foi uma história de preparação para Pentecostes! Porque, só depois de ter o Espírito Santo sido derramado, é que poderíamos compreender as coisas que Jesus tinha dito.

Foi sua promessa: *"Mas o Paráclito, o Espírito Santo que o Pai enviará em meu nome, vos ensinará tudo e vos recordará tudo o que eu vos disse"* **(Jo 14,26)**. De forma que, desde a saída de Adão do Paraíso até Pentecostes, Deus foi preparando o seu povo para fazer dele — fazer dos homens — seus filhos adotivos. E como Deus faz seus filhos adotivos? Dando-nos um novo nascimento. Fazendo-nos nascer do Espírito, nascer de Deus, participando da natureza divina, vivendo da vida divina!

Este é um mistério que estava escondido desde o início, o de que não só os judeus, mas também os gentios eram chamados a participar dos santos na glória. Com sua morte, Jesus destruiu a inimizade, derrubando o muro de separação entre judeus e não-judeus!

Naquela época, os homens ignoravam, e hoje, também, muita gente ignora o que é viver batizado, mergulhado no Espírito Santo, e guiado por ele a todo momento. Na Aliança Antiga, mesmo no caso dos grandes profetas, o Espírito Santo vinha e lhes dava a inspiração. Eles falavam, movidos pelo Espírito, e, depois, a inspiração se ia. Só depois de Pentecostes, aqueles que nascem de novo têm o Espírito Santo, habitando permanentemente dentro de si!

De forma que havia uma ignorância total nesse ponto, pois o mistério só foi revelado na plenitude dos tempos, quando já havia possibilidade de as pessoas entenderem. Para cultivar essa vida nova, essa vida de Deus, vida da qual não sabíamos nada, era necessário, portanto, o modelo de alguém que a conhecesse e vivesse, guiado pelo Espírito Santo de Deus, habitando dentro de si. Era preciso que tivéssemos, diante dos olhos, alguém que fizesse isso, e o único capaz era Jesus.

Mesmo João Batista, que Jesus elogia, dizendo que, dentre os nascidos de mulher, nunca tinha havido maior que João

Batista; mesmo João Batista não servia de modelo, porque Jesus acrescenta: *"Mas o menor no Reino do céu é maior do que ele"* **(Lc 7,28)**. Quer dizer, não tínhamos ninguém do Reino do céu para nos servir de exemplo. Jesus, foi, realmente, o primeiro. Deus parecia muito distante; veio, então, Deus-conosco, o Emanuel, Deus numa pessoa humana: Jesus!

O Filho eterno de Deus, a imagem viva de Deus, fez-se homem, mostrando, pelos seus exemplos, como podemos nós, também, cheios do Espírito Santo como ele, viver, na terra, como filhos de Deus, guiados a cada momento, pelo Espírito Santo. Viver uma vida inteiramente deiforme.

Tendo, pois, manifestado nas suas ações a santidade divina, ele pôde nos propor, como possível, a imitação das perfeições divinas. Em **Mateus 5,48** ele nos diz: *"Sede vós, pois, perfeitos, como o vosso Pai celeste é perfeito"*. Se não víssemos isto em Jesus, poderíamos achar que era impossível!

O próprio Pai celestial nos propõe Jesus como modelo: no seu Batismo e na Transfiguração, sua voz se faz ouvir, dizendo aos discípulos: *"Este é meu filho Bem-amado, no qual pus as minhas complacências"* **(Mt 3,17)** *"no qual me comprazo; ouvi-o"* **(Mt 17,5)** Se Deus, o Pai, tem, em Jesus, todas as suas complacências, e nos manda ouvi-lo, é que ele quer que o imitemos.

O Pai não nos quer diferentes de Jesus, mas que sejamos como Jesus, o primogênito de muitos irmãos. Esta é a obra do Espírito Santo. É como se o Espírito Santo só soubesse fazer Jesus. Com efeito, ele o fez na Virgem Maria, e o guiou durante a sua vida; em nós, também, ele vai reproduzindo os traços de Jesus e guiando-nos, como guiou Jesus.

Nosso Senhor mesmo, durante sua vida, nos indica várias vezes que devemos seguir o seu exemplo. Em **João 14,6**, diz: *"Eu sou o caminho, a verdade e a vida; ninguém vem ao Pai a não ser por mim"*. Em Mateus 11,9: *"Aprendei de mim que sou manso e humilde de coração"*. Em **João 13,15**: *"Eu vos dei o exemplo, para que como vos fiz, assim, também, façais vós"*.

E os Evangelhos são a narração dos feitos, das maravilhas de nosso Senhor, propostos à nossa imitação. O próprio Jesus disse: *"Em verdade, em verdade vos digo: quem crê em mim fará as obras que eu faço, e fará até maiores do que elas..."* **(Jo 14,12)**. Nos livros dos Atos 1,1, São Lucas diz que, no seu evangelho, fez um relato desde quando Jesus começou a fazer coisas e a ensinar. De fato, naquele início, lemos, em **João 1,38-39**, que dois discípulos de João Batista foram a ele, e perguntaram: *"Mestre, onde moras?"* Respondeu: *"Vinde e vede"*. Para aprender, pois assim aprendiam os discípulos de então: morando com o mestre. Depois, em **Mateus 19, 28**, ele diz: *"Ide, portanto, e fazei que todas as nações se tornem discípulas, batizando-as em nome do Pai, do Filho e do Espírito Santo, e ensinando-as a fazer tudo quanto vos ensinei"*. Ele se propõe, portanto, como exemplo, de modo que viver a vida cristã, a vida sobrenatural, é fazer o que Jesus ensinou, pensar como Jesus, sentir como Jesus, agir como Jesus. Não há possibilidade de se viver a vida em Deus, senão imitando Jesus!

Muita gente, buscando encontrar uma paz, uma cura, uma salvação, vai para essas doutrinas orientais e outras doutrinas estranhas, onde um outro salvador, um outro modelo lhes é proposto. Entretanto, o único modelo que o Pai nos dá para imitar é Jesus. Não há outro! E São Paulo, em sua **Primeira Epístola aos Coríntios 4,16**, resume tudo dizendo: *"Sede meus imitadores, como eu sou de Cristo Jesus"*. É essa a vida cristã. São Paulo pode se propor como modelo, porque imitou perfeitamente o modelo que é Jesus!

Jesus é o modelo perfeito. Mesmo aqueles que não crêem na sua divindade, têm Jesus como o protótipo mais acabado de virtude que jamais apareceu sobre a terra. Ele agia em tudo guiado pelo Espírito Santo, entregando-se totalmente a ele, exercendo os seus dons e praticando as suas virtudes em grau excelentíssimo, heróico mesmo. Vemo-lo em todas as passagens da vida de Jesus: suas disposições interiores eram as mais perfeitas, tanto no seu relacionamento com Deus Pai, no amor ao próximo, como no aniquilamento de si mesmo, com total isenção do pecado.

E, no entanto, é um modelo imitável, e modelo para todos os homens, modelo agradável, encantador, amável. Ele se propõe como manso e humilde: *"Vinde a mim...e encontrareis descanso"* **(Mt 11,29)**. Não há modelo mais eficaz do que Jesus, modelo perfeito, que todos podem imitar, porque passou por tudo o que passamos.

Em **Hebreus 4,15**, lemos: *"De fato, não temos um pontífice que não possa compadecer-se de nossas enfermidades. Foi tentado em tudo à nossa semelhança, exceto o pecado"*. Ele passou por todas as nossas coisas, e pode compadecer-se de todas as nossas fraquezas porque as conhece, não por teoria, mas porque viveu no meio delas. Viveu, durante 30 anos, a vida mais oculta, mais obscura, mais comum. Ninguém ligava para ele. Quando começou sua vida pública, todo mundo se admirava: *"Mas como é que ele pode estar falando essas coisas! Não é o filho do carpinteiro ali do lado? Que novidade é esta? Como é que lhe veio toda essa sabedoria?"* **(cf. Mt 12,55)**. Foram trinta anos escondidos na humildade, obedecendo Maria e José, submisso, trabalhando como aprendiz, trabalhando como operário.

Assim, pode ser o modelo das pessoas mais humildes, mais obscuras, mostrando que podemos nos santificar pelas tarefas mais comuns. Vemos isto na história da Igreja. Como naquele livrinho que editamos pelas EDIÇÕES LOUVA-A-DEUS, de Fr. Lourenço da Ressurreição, que se santificou nos trabalhos da cozinha. Não há área da vida, não há ocupação que possa impedir a imitação de Jesus!

Durante seus três anos da vida pública, quer dentro do grupo escolhido dos apóstolos e discípulos, quer no meio das multidões, ele estava sempre a pregar, a curar, a atender e a demonstrar o amor de Deus, a misericórdia de Deus, a compaixão de Deus. Sofreu cansaço e fome, teve a amizade de alguns, a ingratidão de outros, teve seus triunfos, seus fracassos, passou por todas as contradições e contrariedades, e, em cada situação dessa, mostrou como devemos agir na qualidade de filhos de Deus!

E, de fato, quando surge uma situação de contradição, de contrariedade, aí é que vamos ver que filhos de Deus somos nós! Aí é que vamos ver se somos, realmente, dóceis ao Espírito Santo, ou se nos deixamos levar por outros espíritos...

É nas dificuldades que vemos se estamos, de fato, entregues ao amor de Jesus, ou se nos insurgimos contra as situações e as pessoas!

Enquanto não morrermos para nós, não cresceremos na docilidade ao Espírito Santo! Jesus passou por todas as vicissitudes humanas, em todo o tipo de relações: com amigos, com inimigos, com o público; e vemos, na sua atitude, na sua resposta a qualquer dessas situações, como é que deve ser e agir o filho de Deus, como deve se comportar aquele que quer viver a vida divina, guiado pelo Espírito Santo de Deus.

Na sua Paixão, ele nos deu exemplo de paciência no meio de torturas físicas, mentais e morais; tolerou, não somente sem se queixar, mas também intercedendo por aqueles que o torturavam!

Muita gente diz: "Ah! Mas Jesus era Deus"! Sim, mas a Escritura diz que ele tinha se esvaziado da sua divindade para viver em tudo como nós, como homem. De forma que, em toda a sua vida, viveu como homem, não como Deus! Viveu como homem, guiado pelo Espírito Santo de Deus. Deixava-se guiar pelo Espírito Santo em todas as coisas, obedecendo em tudo às inspirações do Espírito Santo de Deus; por isto, pode ser nosso modelo, o que não poderia, de outra maneira.

Sofreu como homem todas as dores físicas. E muito mais do que podemos imaginar: porque era homem perfeito, tinha uma sensibilidade muitíssimo maior do que a nossa, muito mais fina; sofreu, portanto, muito mais vivamente do que poderíamos imaginar, a ingratidão dos homens; o desamparo dos amigos, a traição de Judas, a perseguição daqueles que deveriam reconhecê-lo como Messias — os sacerdotes, os fariseus! Deve ter sido duro para ele, ter que recriminar aqueles que estavam encarregados de ensinar a palavra de Deus, vê-los fechados à Palavra viva que era ele, vê-los buscando somente seus interesses!

Sofreu tais sofrimentos de tédio, de tristeza e de pavor, que no Getsêmani, não pôde deixar de orar para que aquele cálice de amargura se afastasse dele, se possível fosse! E na cruz, no meio de todo aquele sofrimento, na profundeza da sua agonia, ele lança o grito do Salmo: *"Deus meu, Deus meu, por que me abandonaste?"* (Mt 27,46).

De forma que ele pode ser imitado em todas as circunstâncias, e em todas as situações, por todos os homens! E por todas as mulheres... não digam as mulheres que não podem imitar Jesus, porque ele é homem, e, então, "vou imitar Maria". Sim, mas por ser imitadora de Jesus, como São Paulo diz aos coríntios (1Cor 4,16) de si mesmo. Jesus é o modelo de todos, inclusive de Maria Santíssima.

Ele se mostra cheio de amor, cheio de bondade e de misericórdia. Tem um encanto natural e um encanto sobrenatural próprio dele, que, em **João 12,32** diz: *"Quando for elevado da terra, tudo atrairei a mim"!* Ele exerce uma força de atração, um encanto amoroso.

Quando vemos Jesus, a fazer tudo o que fez, suspenso na cruz, abandonado pelo céu, abandonado pela terra, suspenso entre o céu e a terra, a fazer a reconciliação entre o céu e a terra, o Espírito Santo move os nossos corações para nos deixar encantar por Jesus; ficamos comovidos e cheios de amor para com ele, no mistério da sua crucificação. E também cheios de amor para com a cruz, essa cruz gloriosa que nos salvou. Embora continuemos com as repugnâncias da nossa natureza pelo sofrimento e a morte, vamos levando as nossas cruzes, interiores e exteriores, no amor de Jesus, na imitação de Jesus, para estarmos com ele, para obedecê-lo. Jesus diz: *"Se alguém quiser vir após mim, tome a sua cruz cada dia e siga-me"* (Lc 9,23).

Como é seguir Jesus? É imitar Jesus! Ele é a causa exemplar. E obedecemos a Jesus? Para fazê-lo, tomemos, com amor, nossa cruz de cada dia, porque ele tomou a sua cruz com amor, por amor de nós.

São Paulo diz: *"Se nós sofremos com ele, para sermos, também, glorificados com ele"* **(Rm 8)**. Somos co-herdeiros de Cristo. Se sofremos com ele, para sermos glorificados com ele. Sofrer com Jesus. As pessoas ficam cheias de fantasias, de romantismo: "Ah! Sofrer com Jesus, que bonito! Sofrer com Jesus! Ah! Jesus, eu quero sofrer contigo!" Mentira! Na primeira contrariedade, solta os cachorros, maltrata todo mundo e renega a cruz! Sofrer com Jesus é sofrer à imitação de Jesus, guiados pelo Espírito Santo de Deus e não por uma vontadezinha qualquer, por uma fantasia qualquer, um entusiasminho qualquer. Nossa vida cristã é uma vida de obediência ao Espírito Santo de Deus, de docilidade ao Espírito Santo de Deus.

Muitos vão ao grupo de oração e não gostam, porque ouvem o que não queriam. E dizem: "Ah! Mas Dom Cipriano não está falando aquilo que eu quero. Não gostei". Vão para ouvir o que querem, para fazer o que querem; não vão para ser guiados pelo Espírito Santo de Deus. Não vão para sofrer com Jesus, ter que mudar a idéia: "Ah, não era bem isso o que eu acho que o Senhor queria para mim! E eu vou ter que desistir disso?" Não se deixam convencer pelo Espírito Santo. Acham que têm que ser daquela maneira que lhes agrada, e deixam de lado a ação viva, atual, para eles, naquele momento, do Espírito Santo de Deus.

Não estamos seguindo Jesus, quando queremos seguir nossas próprias idéias, nossa opinião de que as coisas devem ser assim e não de outra forma. Em geral, rasgamos a pele de muita gente com nossos eriçamentos! Porque não é para fazer a nossa própria idéia, mas para fazer a vontade de Deus que nós nascemos de novo, do Espírito Santo!

Jesus disse: *"Mas que não se faça o que quero, mas o que tu queres"* **(Mc 14,36)**. Quem é que quer renunciar à sua própria vontade, para que se faça a vontade de Deus? Verifique seu comportamento nas contrariedades! Verifique-o nas contradições! Como é que você está? Até que profundidade vão as raízes da sua vontade própria, das suas próprias opiniões; sim, a profundidade do seu próprio EU e a superficialidade da sua docilidade ao Espírito Santo?

Nossa vida cristã é uma vida de docilidade ao Espírito Santo, na qual as nossas durezas humanas devem amolecer-se para nos tornarmos como Jesus diz: *"Eu sou manso e humilde de coração"* **(Mt 11,9).**

Há toda uma mansidão a ser aprendida, ainda! E só aprendemos a mansidão, exercendo-a nas situações em que deve ser exercida.

Não adianta ver um esquilo, e, encantado com o esquilo, e ir dar-lhe uma nozinha, uma avelãzinha! E a gente faz um carinho no gato. E dá milho para os pombos. Quem vê, diz: "Ah! Veja como é manso, como ama os animais!" Ah! Bota a pessoa no meio dos homens, e vamos ver até onde vai... ou no meio das mulheres!

Jesus é o nosso modelo de mansidão, de amor, de encanto! Quanto mais mergulhados em Jesus, quanto mais imitadores de Jesus, quanto mais modificados pelo Espírito Santo para nos tornarmos mais semelhantes a Jesus, tanto mais mansos, humildes e encantadores seremos.

Jesus quer que os irmãos se santifiquem, imitando-nos. Assim como ele nos associa aos seus merecimentos, para que possamos, por nossa parte, merecer para os irmãos, assim também ele nos associa a ele como modelo, para sermos modelo para os nossos irmãos.

Isto nos faz lembrar o que ouvimos tanta gente dizer: "Pois é, fica só falando em Jesus e age desta maneira! Vai todo domingo à missa e comunga todo domingo, e vem, e faz um negócio desse! Se ser cristão é ser assim, não quero ser cristão!" É que, ao dizermos que somos de Jesus, as pessoas esperam que sejamos modelos de como vive um filho de Deus, de como age um filho de Deus! Se dizemos que temos o Espírito Santo, e agimos como qualquer pessoa que não crê, que modelo somos?

Por isso, vemos os santos que a Santa Igreja nos propõe como modelos. Não para que sejamos como eles, mas que vejamos como imitaram a Jesus. Eles são modelos na imitação de Jesus. É como aquele conselho de São Paulo:"*Sede meus imitadores, como eu sou de Cristo*". Quer dizer: imitemme na minha imitação de Jesus. Não a mim como Paulo! A mim, como imitador de Jesus.

O poder de atração de Jesus: "*Quando eu for elevado da terra, tudo atrairei a mim*", se exerce através da graça. Todas as ações de Jesus, antes da sua morte — depois da sua morte, não; mas, antes da sua morte — eram ações meritórias, que nos mereceram a reconciliação com Deus! Ele nos mereceu, também, a graça de praticar essas ações. Tanto, que disse: "*Fareis essas ações, e maiores ainda, porque eu vou para o Pai*". E quando consideramos a humildade, a pobreza, a mortificação e todas as virtudes de Jesus, nós nos sentimos arrastados, levados a imitá-lo, não somente pela força persuasiva dos seus exemplos, mas muito mais do que isso, pelas graças que ele nos mereceu, de praticar essas virtudes! Portanto, não é só um desejo de nosso coração, mas também a eficácia da graça que ele nos mereceu, de imitá-lo! Por isso, ele é uma causa exemplar. Por que? Porque ele não é só um exemplo, mas um exemplo eficaz, que produz um efeito por causa das graças que ele mereceu para nós, enquanto viveu aqui na terra.

Todas as ações dele nos trazem graças de imitação, mas há certas ações de Jesus, às quais devemos nos unir de modo especial, porque são mais importantes e contêm graças mais abundantes: são os seus mistérios.

O mistério da Encarnação, por exemplo, mereceu-nos a graça da renúncia a nós mesmos e da união com Deus, porque nosso Senhor nos ofereceu consigo para nos consagrar, todos, ao Pai. Nós temos essa graça da união com Deus, porque ele se uniu à nossa natureza. Deus se fez homem, para nos tornar deuses, dando-nos participar da sua natureza divina.

O mistério da Crucifixão nos mereceu a graça de também crucificar a nossa carne e as suas concupiscências, como diz São Paulo: "Os que são de Jesus Cristo crucificaram a carne, com as paixões e concupiscências".

O mistério da sua Morte nos mereceu morrer ao pecado, morrer às nossas faltas.

E, assim, cada mistério tem a sua graça especial. Por isso, o terço, o rosário, nos merece muito, quando contemplamos os mistérios da vida, paixão e morte de Jesus, os mistérios de Nossa Senhora, porque são todos mistérios da nossa salvação.

Esses três conjuntos de mistérios — gozosos, dolorosos, gloriosos —, quando meditados com amor e veneração, nos merecem muita graça.

Jesus é a Cabeça de um corpo místico, cujos membros somos nós. No corpo, é a cabeça que dirige tudo. Ninguém já viu um braço andando sozinho por aí, nem uma perna andando sozinha. É a cabeça que dirige todo movimento dos braços e das pernas. Nós, então, como membros desse corpo cuja cabeça é Jesus, devemos ser por ele dirigidos em todas as coisas.

Pai santo, nós vos louvamos e bendizemos por tudo o que tendes feito por nós, para nos fazer vossos filhos adotivos, dando-nos Jesus para reconciliar-nos convosco, para merecer por nós, para nos dar o seu exemplo, para ser nossa cabeça. Nele está toda a plenitude da divindade. Nele, colocastes tudo, para que dele tudo recebamos e nele tudo tenhamos.

Realizai, em nós, Pai santo, vosso plano de amor. Que sejamos cada vez mais semelhantes a Jesus, na sua humildade e na sua mansidão, conforme vós quereis.

Muito obrigado, Pai!

Glória a vós, Senhor!

Amém!